ESSAI

SUR LA VIE DE

SAINT GÉRARD

ABBÉ DE BROGNE

par l'abbé Adolphe SERVAIS

Vicaire de Temploux (Namur)

« Ecce sacerdos magnus qui in diebus
suis placuit Deo et inventus est justus;
et in tempore iracundiæ factus est
reconciliatio. »   Off. Eccl.

NAMUR
IMPRIMERIE PAUL GODENNE
Jacques Godenne, imprimeur-éditeur, rue de Bruxelles, 13
—
MDCCCLXXXV

Essai sur la vie de S. Gérard

Saint Gérard dans la forêt de Marlagne

(d'après une vieille eau-forte)

ESSAI

SUR LA VIE DE

SAINT GÉRARD

ABBÉ DE BROGNE

par l'abbé Adolphe SERVAIS

Vicaire de Temploux (Namur)

« Ecce sacerdos magnus qui in diebus
suis placuit Deo et inventus est justus;
et in tempore iracundiæ factus est
reconciliatio. » OFF. ECCL.

NAMUR
IMPRIMERIE PAUL GODENNE
Jacques Godenne, imprimeur-éditeur, rue de Bruxelles, 13
—
MDCCCLXXXV

Imprimi potest.

Namurci, 10ᵃ aprilis 1885.

X. DELOGNE, vic.-gén.

AVANT-PROPOS

« Non nova, sed nove. »

CET essai, que nous offrons aux esprits religieux, n'est pas foncièrement nouveau : plusieurs auteurs déjà, mais à des points de vue divers, ont écrit sur saint Gérard, et l'abbaye qu'il fonda.

Dans une consciencieuse étude sur le Monastère de Brogne, M. Eug. Del Marmol s'est attaché, il y a quelques années, à recueillir, pour les sauver de l'oubli, des données archéologiques éparses : son travail est contenu au tome V des Annales de la société archéologique de Namur.

Nous citerons ensuite trois articles publiés dans les premières livraisons de la revue bénédictine, Le Messager des fidèles; *c'est le début d'un pieux roman, écrit dans un style d'une originalité naïve; inachevé, il s'arrête à la translation des reliques de saint Eugène. Son titre est :* Une fleur cueillie dans le jardin de saint Benoît.

Plus récemment encore, a paru une Histoire de saint Gérard, *par M. le chanoine Toussaint, professeur de philosophie au Séminaire de Floreffe. Dans cette notice, le respectable auteur a voulu sans doute rassembler des matériaux pour une histoire de plus longue haleine, vulgariser, en les condensant, les documents qu'il a consultés, surtout une vie anonyme éditée avec des commentaires, d'abord par Mabillon et d'Achéry, puis par les Bollandistes.*

Notre dessein est tout autre. Nous voudrions, dans ces modestes pages, rappeler les épisodes plus marquants de la vie du bienheureux abbé de Brogne; faire mieux connaître et faire estimer davantage un des personnages les plus illustres que notre sol belge ait produit. Nous voudrions, que des exemples et des vertus du Saint se dégageât une bienfaisante lumière, éclairant nos pas dans l'étroit chemin de la perfection évangélique. Car sa vie doit être pour nous une leçon et un encouragement : quoique mort, il continue à nous dire avec l'Apôtre : « Soyez mes imitateurs, comme moi-même je l'ai été de Jésus-Christ. »

AVERTISSEMENT

LES aperçus et les détails sur l'époque de saint Gérard ont été puisés dans les ouvrages dont les titres suivent :

Acta sanctorum O. S. B. Sæculum V;

Rorhbacher. Histoire universelle de l'Eglise catholique, éditée avec des notes complémentaires et rectificatives par M. l'abbé Guillaume;

De Gerlache. Essais sur les grandes époques de notre histoire nationale;

Namèche. Cours d'histoire nationale.

Pour la vie elle-même, nous avons principalement suivi, en tenant compte des observations
critiques de Mabillon (1) et des Bollandistes (2),
le biographe anonyme qui écrivait au monastère
de Brogne, au commencement du xie siècle, d'après
une vie de saint Gérard rédigée antérieurement
par un religieux de l'abbaye.

Temploux, 8 décembre 1884.

____

(1) Act. SS. O. S. B. saec. V.
(2) Act. SS. tome I d'Oct. 3e jour.

INTRODUCTION

Pour apprécier à sa valeur un homme illustre dans les fastes de l'histoire, ce qu'il importe avant tout, c'est de ne pas l'isoler de son époque; car son âme en a respiré l'atmosphère et s'en est peu à peu imprégnée : modifié au perpétuel contact d'une société dont les institutions, les tendances, les mœurs sont caractéristiques, il porte l'empreinte de son temps comme nous, à notre insu, nous recevons l'empreinte du nôtre.

Il faut de plus considérer les multiples circonstances au sein desquelles s'agitèrent les personnages historiques. Il faut déterminer le milieu spécial où ils ont vécu, si l'on veut percevoir le degré d'influence que ce milieu leur fit subir et deviner le parti qu'ils en surent tirer pour s'anoblir et s'élever dans l'estime de leurs contemporains.

Voilà pourquoi, au début de ce travail, nous croyons indispensable de donner un aperçu de l'époque de saint Gérard. Cette vue d'ensemble permettra au lecteur de se former une idée plus exacte de la personne et de l'influence du vénérable abbé de Brogne, de constater, en le mesurant aux choses qui l'entouraient, ses majestueuses proportions.

Disons-le tout d'abord, avec la fin du IXe siècle commence une des plus lamentables époques de notre histoire nationale; pour la caractériser nous ne craignons pas de lui appliquer les célèbres expressions de Baronius, de l'appeler une époque *de fer et d'obscurité.*

Elle nous présente en effet une société sans cesse bouleversée par des invasions et des guerres intestines et, comme conséquence d'une agitation si profonde, elle nous offre en spectacle, dans un sombre tableau, l'ignorance aux prises avec des esprits terrorisés, des mœurs retournant à la barbarie, l'Église opprimée par des princes avides de domination.

Le saint empire romain, fondé par Charlemagne, se disloque et se morcelle : c'est un corps immense qui se désorganise; et ses lambeaux, les grands vassaux, ambitieux et cupides, se les disputent avec acharnement.

En *France,* règne la force matérielle dans toute sa brutalité. Ce ne sont que guerres, querelles, dissensions au milieu du désordre et de l'anarchie : se prévalant de ses armes et de ses châteaux fortifiés, une noblesse arrogante cherche, par tous moyens, à s'assurer l'indépendance en brisant le joug du suzerain.

Si, détournant nos regards de ces tristes scènes, nous les portons sur notre patrie, elle nous apparaît couverte de sang et de ruines. En Belgique, aux vi[e] et viie siècles, une merveilleuse transformation s'était opérée sous l'influence civilisatrice des moines : bois et marécages avaient disparu, et le sol, naturellement fertile, avait bientôt récompensé avec usure les labeurs du colon. Celui-ci, grâce aux prédications d'infatigables apôtres, les Eloi, les Amand, les Liévin, les Boniface, n'avait pas tardé à répudier le culte des divinités germaines pour embrasser l'aimable doctrine du Christ. Ainsi ses mœurs s'épurèrent et s'adoucirent. Qu'on ne s'imagine pas toutefois que la pratique imparfaite des vertus évangéliques changea tout à coup en mansuétude et en humanité son naturel altier et sauvage. C'eût été l'œuvre du temps au service de la grâce; mais, au IXe siècle, le fruit de tant de travaux et de sueurs faillit périr sans retour, pendant les cruelles invasions des Normands.

Portés sur de frêles esquifs, ces pirates, navigateurs par excellence, remontaient le cours de nos fleuves, se répandant partout où les attirait l'espoir d'un riche butin. Leur fanatisme ne reculait devant aucune atrocité; et telles étaient leur férocité et leur rage de détruire, que le nom seul de Normand glaçait d'effroi.

En 845, les environs de Paris et le Nord de la France jusqu'aux frontières de la Flandre et du Tournaisis, deviennent le sanglant théâtre des ravages des barbares. Hélas! ce n'était encore là qu'un prélude.

Le bassin de l'Escaut est envahi en 850 et 853; celui de la Meuse subit le même sort en 855, et toute la Belgique est mise à feu et à sang quatre années plus tard. Pour mettre le comble au désastre, une nouvelle invasion plus funeste que les précédentes inonde notre pays en 880. Comment dépeindre les excès commis par ces monstres que l'enfer semble vomir du fond de ses abîmes? Les églises sont démolies, les monastères incendiés; les lieux sacrés deviennent témoins de sacrilèges inouïs. Quand, après avoir pillé les trésoreries, lacéré les précieux manuscrits, dérobé les objets d'art, les corsaires se retirent, les bords de l'Escaut, de la Meuse, de la Sambre sont semés de ruines fumantes. Affolées de terreur, les populations avaient, dans leur fuite, abandonné demeures et troupeaux à la merci des hordes dévastatrices. Si grande est la misère qu'elle contraint les hommes valides à s'enrôler dans la milice impuissante de princes sans énergie. Quant aux malheureux, à qui cette triste ressource est refusée, on les voit mendier le long des routes ou se retirer dans l'épaisseur des forêts, comme dans des repaires, pour se livrer au brigandage.

L'année suivante, la Lotharingie est ravagée de nouveau. Du camp retranché où ils se sont établis sur la Dyle (882), depuis les bords de la mer jusqu'aux rives de la Seine, les Normands renversent et incendient les monuments, massacrent les habitants des campagnes ou les réduisent en servitude, donnent en un mot libre carrière à leurs sauvages instincts, durant l'espace de sept longues années!

Mais tant de sang versé, tant de déprédations commises pendant un demi-siècle ne pouvaient rester impunis. En vain les Belges, dans leur détresse, s'étaient adressés au roi Charles-le-Gros : ce prince au lieu de les secourir vendit la paix aux Normands!

Heureusement, cette lâcheté le fit déposer à la diète de Tribur (887) et le brave Arnould de Carinthie fut appelé à prendre sa place. On ne pouvait mieux choisir. Arnould s'empressa d'envoyer une armée contre les forbans; mais l'imprudente ardeur des princes lorrains qui la commandaient occasionna une défaite humiliante près de Maestricht. A peine la sinistre nouvelle est-elle parvenue aux oreilles du roi, que lui-même, accourant à la tête de nombreuses troupes, vient défier l'ennemi dans son camp retranché et lui fait essuyer, aux environs de Louvain, un sanglant échec. Cent mille Danois jonchèrent le terrain; parmi eux se trouvait leur chef Siegefried. C'était enfin la délivrance! (892.)

Après un répit de vingt années à peine, notre

pays, déjà bien éprouvé par les invasions nor-
mandes, n'eut guère moins à souffrir de la part
des Hongrois. Partout où ils passèrent, ils ache-
vèrent de ruiner ce que leurs émules du Nord
avaient laissé debout. Leurs incursions eurent lieu
en 917, 937 et 954; mais la plus terrible fut la
dernière. Après avoir traversé la forêt ardennaise,
les Magyares envahissent le monastère de Lobbes,
près de Binche, et le livrent au pillage; puis ils
vont assiéger la ville de Cambrai, qu'ils cherchent
à incendier. Repoussés avec vigueur, ils s'achar-
nent, comme pour se venger de leur insuccès, à la
destruction de l'abbaye de Saint-Géry; lorsqu'ils
quittent le pays, ils emmènent avec eux un grand
nombre de prisonniers et un butin immense. Pendant ces incursions, les seigneurs, pour la plupart,
réfugiés derrière les remparts de leurs castels,
abandonnaient les habitants à toute l'horreur de
leur malheureux sort.

Ce sera chose utile, pensons-nous, pour éclaircir
certaines particularités de la vie de saint Gérard,
de jeter ici un rapide coup d'œil sur la situation
politique de chacune des grandes divisions terri-
toriales de notre Belgique à l'époque du bienheureux abbé.

Au VIIIe siècle déjà, le COMTÉ DE NAMUR portait
le nom de pays de Lomme *(pagus Lomacensis);*
au Xe il comprenait Couvin, Florennes, Walcourt,
Fosses, Revin, Waulsort, Bouvignes, Andenne,
Charleroi, Fleurus.

Avec le régime féodal, inauguré sous le règne
du roi Charles-le-Simple, la dignité comtale
devint héréditaire.

Or, dans la série historique des comtes de
Namur, figure au premier rang *Bérenger,* dont les
débuts dans le gouvernement paraissent remonter
à 908. Son fils et successeur, *Robert Ier,* ne s'est
rendu célèbre que par sa révolte contre l'autorité
de l'archiduc Brunon.

A la même époque, l'EVÊCHÉ DE LIÈGE embrassait
entre autres territoires, la Hesbaye, le Condroz
et l'Entre Sambre-et-Meuse; il comptait les villes
de Dinant, de Huy, de Ciney, de Rochefort, de
Thuin. Sur le siège de S. Lambert était assis, vers
la fin du IXe siècle, le célèbre *Francon,* d'abord
abbé du monastère de Lobbes. C'était tout à la
fois un esprit d'élite et une âme vaillante : il
combattit les Normands à la tête de ses troupes.
Après sa mort, arrivée en 903, le trône épiscopal
fut occupé par *Etienne* († 920), chanoine de Metz,

homme distingué, protecteur des lettres et des arts que lui-même il cultivait. Aucun événement remarquable ne vint signaler le règne de ses successeurs *Richaire* († 947) et *Farabert*. A ce dernier succéda en 953, le fameux *Rathère*, un des hommes les plus érudits de son siècle. « L'évêché de Tongres ou de Liège, possédé tantôt par les rois de France, tantôt par les rois d'Austrasie ou de Lorraine fut définitivement, après la mort de l'empereur Arnould, incorporé au royaume de Germanie dont il ne fut plus séparé depuis. » (1)

En FLANDRE, *Baudouin Bras de fer*, qui vient de prendre le titre de marquis des Flamands est, en 863, investi par Charles-le-Chauve, son beau-père, de toute la région située entre l'Escaut et la mer du Nord. Par sa vigoureuse défense, il se montre un adversaire redoutable des Normands; et, pour mettre les villes principales à l'abri de leurs coups, il les entoure de remparts pendant les années de répit. Son fils aîné, *Baudouin II*, lui succède en 879. L'histoire nous le dépeint comme un prince farouche et cupide. Il usurpa

---

(1) de Gerlache. *Hist. de Liège,* Ire part., p. 37.

la dignité abbatiale à Sithiu, et ce fut lui, dit-on, qui fit assassiner le saint archevêque de Reims, Foulques, successeur du célèbre Hincmar (900). « Attachant ainsi à sa cuirasse souillée de sang les insignes pacifiques des dignités de l'Eglise, comme le dit Kervyn de Lettenhove, il se plaçait à la fois au-dessus des lois de Dieu et des défenses canoniques. » Cependant à l'exemple de son père, il défendit courageusement son territoire durant les incursions; il fortifia les châteaux, les monastères et les églises elles-mêmes. Cette mesure, que la situation rendait opportune, facilita la défense des lieux consacrés, mais elle y amena, avec les gens de guerre, des mœurs et des habitudes malheureuses. A la mort de Baudouin, en 919, la couronne de la Flandre, l'un des plus beaux fiefs de France, fut dévolue à l'aîné de ses fils, *Arnould,* connu sous le nom de *l'Ancien.* Au commencement de son règne, ce prince s'était emparé des biens ecclésiastiques; mais, dans la suite, sur les conseils et les exhortations du vénérable Gérard, il s'appliqua à faire revivre dans toute l'étendue de ses états les monastères détruits ou relâchés. La douceur et la justice de son administration lui concilièrent l'affection de ses sujets.

Devenu vieux, Arnould appela son fils *Baudouin III*
à la direction des affaires, lui laissant le soin
d'agrandir et de rendre imprenables les villes
fortifiées. Mais Baudouin mourut prématurément,
et son père, accablé par l'âge, fut forcé de reprendre
sur ses épaules le lourd fardeau du gouvernement
de la Flandre.

Dans les dernières années du IX⁸ siècle, régnait
en HAINAUT, le comte *Regnier,* surnommé *au
long col,* recommandable par sa bravoure et son
rare talent d'administrateur. En récompense de
ces hautes qualités, le roi de France, Charles-le-
Simple, voulut lui donner la Lotharingie à titre
de fief (911). Un des premiers, le comte Regnier
songea à relever les ruines des églises renversées
par les Normands. Son fils, *Regnier II,* lui succéda comme comte de Hainaut. Ce fut sous son
règne qu'eurent lieu les désastreuses incursions des
Hongrois, instruments aveugles de la vengeance
de Conrad de Franconie avec lequel Regnier
avait eu de violents démêlés. Pour augmenter le
malheur et la désolation, il s'éleva de graves
désordres intérieurs, que l'archiduc Brunon tenta,
mais en vain, d'apaiser. Enfin le comte de Hainaut
fut déporté chez les Slaves (957).

A Regnier au long col, mort en 916, avait succédé comme duc de LOTHARINGIE, son fils aîné, *Gislebert*. Celui-ci s'allia avec le comte de Paris, Robert, pour détrôner leur souverain, Charles-le-Simple; trahi, abandonné de tous ses grands vassaux l'infortuné roi, tombé aux mains de ses ennemis, mourut dans les fers. On offrit alors la couronne à Henri l'Oiseleur, qui, en 925, annexa à l'empire le duché de Lotharingie, par conséquent le comté de Hainaut et celui de Namur. A la mort de l'empereur Henri, Gislebert prit parti contre son successeur, Othon-le-Grand; mais sa fin fut malheureuse : il se noya dans le Rhin après un combat (937).

A la tête du duché vacant fut placé le *comte de Verdun*. Cinq années après il mourait. *Conrad*, duc de Franconie lui succéda. Dégradé et privé de son duché, en punition de sa révolte, il jura de tirer de cet affront une vengeance éclatante : il y réussit en déchaînant sur la Lotharingie et l'empire les hordes des farouches Magyares.

Cependant, pour remplacer ce prince factieux, l'empereur Othon avait choisi son propre frère, l'archiduc *Brunon*, archevêque de Cologne. Cet administrateur habile, usant avec vigueur de son

pouvoir temporel, réprima les excès et les empiè-
tements continuels des orgueilleux vassaux de
Lotharingie; et, pour mieux réussir, il divisa le
duché en deux parts, tout en se réservant la direction générale : la haute Lotharingie fut attribuée
à *Frédéric*, comte de *Bar;* et la basse au comte
Godefroid d'Ardenne, qui eut par là sous sa domination le comté de Namur, une portion de l'Evêché
de Liège et la rive droite de l'Escaut (959).

En se levant sur nos contrées, le xe siècle
n'éclaira que des ruines, et toutes ces dissensions
entre les princes chrétiens, que nous venons de
signaler, semblaient conjurées avec les invasions
des barbares du Nord et de l'Est pour anéantir la
société et la religion.

Comment, au milieu de désastres séculaires,
les sciences et les mœurs n'auraient-elles pas
sombré? Faut-il s'étonner que l'ignorance répandit
ses ténèbres dans l'intelligence d'hommes préoc-
cupés avant tout d'éviter la spoliation et la mort?
Les écoles épiscopales et monastiques n'étaient
plus. Les clercs, qui, en de rares endroits, remplaçaient les moines massacrés ou disparus,
n'avaient pu puiser dans de solides études
l'instruction nécessaire : partant, le peuple

retomba peu à peu dans la barbarie intellectuelle. La moralité, en même temps, ne tarda point à subir un notable amoindrissement. « Les crimes de cet âge, écrit Dom Mabillon, étaient d'une grande brutalité : ce n'étaient qu'incestes, rapines, meurtres et autres excès semblables. » La foi néanmoins, se maintenait vivace, quoique les pratiques superstitieuses et abusives occupassent une large part dans la dévotion populaire.

Certes, il ne viendra à la pensée d'aucun esprit impartial et sage d'accuser l'Eglise de ce triste état de choses, car les scènes de barbarie que nous avons esquissées, eurent pour auteurs, non pas des chrétiens mais des idolâtres, des barbares que n'avaient pas domptés encore la doctrine et la grâce de Jésus-Christ. C'est en vain qu'on objecterait les excès commis par les princes et les peuples chrétiens. L'Evangile, en les civilisant, ne les avait pas dépouillés de leur nature et transformés en d'autres hommes : leurs tendances vicieuses étaient demeurées, et leurs passions éteintes pour un temps, n'eurent que trop, au milieu d'une agitation incessante, le prétexte et l'occasion de se satisfaire avec impunité.

Mais il y a plus : victime innocente, l'Eglise en

ces temps malheureux, était l'unique lueur d'espérance qui brillât, montrant dans les ténèbres à la société égarée, la voie du salut. En elle résidait le principe régénérateur, capable de guérir les maux du corps social mis à deux doigts de sa perte, et de lui rendre, par des remèdes efficaces, une vigueur salutaire. Aussi l'Eglise ne resta-t-elle pas inactive, indifférente : l'initiative du mouvement réparateur vint des nombreux conciles qui se réunirent en France.

Celui de Metz, tenu à la fin du ixᵉ siècle, cherche à ramener la paix si désirable en travaillant à la conversion des Normands et des chrétiens pervertis. Attaquer le mal dans ses véritables causes; telle est aussi la maîtresse préoccupation des Pères du célèbre synode de Trosly dans le Soissonnais (909). Après avoir amèrement déploré l'impossibilité de se réunir où ils se trouvèrent longtemps, par suite « des incursions, des troubles intérieurs, et des menées hostiles des faux chrétiens », ils proclament que la première mesure à prendre par les Evêques, c'est « de venir au plus tôt au secours de la religion qui s'écroule et semble précipitée au fond d'un abîme. » Car, ajoutent-ils, « l'ordre est partout troublé : l'état de l'Eglise est plein de trouble et de violence ». Ils ne négligent pas non plus les remontrances respectueuses aux rois, à qui ils rappellent, avec une sainte liberté, leurs devoirs en ces tristes conjonctures. Puis, tous leurs soins se concentrant sur le rétablissement des abbayes et la réforme de l'ordre monastique, il leur semble que la vie claustrale ne présentera aucune garantie de ferveur, si elle n'est pas soumise à la direction d'un abbé choisi parmi les réguliers d'après les prescriptions canoniques. « C'est l'orfèvre seul, qui peut rendre son premier éclat à l'or terni; de même l'institut monastique ne récupérera son ancienne splendeur, s'il n'est confié, comme les circonstances l'exigent, à la vigilance de supérieurs doctes et exemplaires. »

Les moines, en effet, forcés d'abandonner leurs monastères en ruines, s'en allaient, comme un troupeau sans pasteur, errant partout et menant une existence malheureuse. Pendant ce temps, les princes séculiers s'emparaient sans scrupule des biens délaissés, et les cris de leur meute, les éclats de voix de leurs grossiers valets remplaçaient sous les voûtes du cloître la divine psalmodie et le chant des cantiques. Là, où ils avaient réussi à échapper à la fureur des barbares, les religieux devenaient souvent les victimes de déprédations sans nombre de la part d'abbés laïques qui, contrairement au droit, les avaient asservis à leur autorité. Ce fut pour la discipline un coup mortel : la règle presque oubliée n'était plus que lettre morte. Infidèles à leurs vœux, les moines se laissèrent envahir par l'esprit du monde et, ce qui est plus grave, sous l'empire de la nécessité, ils sortirent parfois de leur cellule pour mener parmi les séculiers une vie dissipée.

Telle était la situation générale. Il y avait naturellement d'honorables exceptions. L'épiscopat comptait dans ses rangs maints pontifes vénérables; dans quelques abbayes privilégiées on rencontrait encore des moines grands par leur science non moins que par leur vertu. A Reims en particulier, une école florissante continuait l'œuvre de restauration littéraire entreprise par Charlemagne et Alcuin. Là, brillait le zélé et sage Fulcon († 900). Ce prélat rétablit, dans sa ville épiscopale, deux écoles à peu près tombées, l'une pour les clercs de la cité, l'autre pour le clergé des campagnes. Il appela auprès de sa personne Remi d'Auxerre († 908) et ordonna à ses clercs de s'adonner, sous cet habile maître, à l'étude des lettres et des arts. Lui-même voulut leur donner l'exemple en s'associant à leurs travaux. A Remi Fulcon adjoignit Hucbald († 930), l'illustre moine de saint Amand, aux connaissances vastes et profondes. Vers la même époque, au monastère de saint Germain-des-prés, le moine Abbon chantait, dans un poëme, le siège de Paris par les Normands et transmettait à la postérité les détails de ce sinistre drame. Le chroniqueur Frodoard, « le principal ornement de l'école de Reims et l'éclatante lumière de son siècle, » comme l'appelle Mabillon, nous laissait aussi au commencement du Xe siècle des écrits, qui attestent chez leur auteur une prodigieuse connaissance de l'antiquité.

Mais, sans sortir de notre Belgique, pourquoi n'admirerions-nous pas sur le siège épiscopal de Liège, l'évêque Francon? Il avait étudié, approfondi la philosophie et la réthorique. « C'était, dit de Gerlache, un poëte et un habile musicien : il ne négligea rien pour imprimer une vive impulsion aux arts et aux lettres. Doué d'une rare éloquence, il prenait plaisir à enseigner la nombreuse jeunesse que sa réputation attirait des pays éloignés. Francon, sorti de l'école du palais de Charlemagne, formé dans la célèbre abbaye de

Lobbes, fonda lui-même une école fameuse, qui se perpétua sous ses successeurs. » Chose curieuse, la littérature et les sciences fleurirent sous le gouvernement des évêques, tandis que dans les états soumis à l'autorité laïque l'ignorance continuait à régner dans les esprits!

En résumé, comme l'a dit de Stassart, « en Belgique le tableau monotone de ces temps désastreux offre des traits de magnanimité, des actes d'héroïsme, qui reposent la mémoire fatiguée d'horreurs et soulagent notre âme en nous prouvant que l'humanité n'a jamais perdu complètement ses droits. » (1) Mais ce qu'il y a de plus remarquable, c'est que précisément ces traits de magnanimité et ces actes d'héroïsme ont ordinairement pour auteurs des moines, des prêtres, des saints!

Cependant la réforme monastique, qui devait si puissamment contribuer au bien-être et à la paix de la république chrétienne, trouva dans notre pays, en la personne de Gérard, abbé de Brogne, un puissant auxiliaire, un promoteur d'élite.

------

(1) De Stassart. *Disc. à l'ac. roy. de Belg.* 1857.

Pour le croyant, une intelligence supérieure, unissant dans un tout harmonique la force, la sagesse, la liberté, préside au gouvernement de ce monde : elle confie à chaque homme un rôle à jouer sur la scène sociale. Or, Gérard fut appelé de Dieu à rétablir l'ancienne discipline dans les monastères de la Flandre, de la Lotharingie et des pays limitrophes. Ce fut là sa mission : il la remplit avec un étonnant succès. Mais s'il ressuscita la ferveur des premiers temps, il fit aussi revivre les études et prépara de la sorte à la société une forte génération de sauveurs. Dans cet homme providentiel se personnifie donc, au Xe siècle, la vivifiante influence de l'Eglise, qui releva de leurs ruines les institutions qu'elle avait créées, et qui, toujours courageuse, toujours infatigable, ne recula pas devant son immense tâche de restauration.

Grâce aux efforts des évêques et des moines, secondés par le pouvoir séculier, on vit les cloîtres se repeupler, l'agriculture longtemps délaissée reprendre son essor, les écoles se rouvrir et dispenser comme jadis à de nombreux élèves la science religieuse et profane. Les Normands se convertirent avec leur chef Rollon pour devenir

les plus dévoués défenseurs de cette Eglise qu'ils
avaient spoliée et meurtrie. De nouvelles maisons
religieuses avaient surgi : vers 936 saint Guibert
fondait l'abbaye bénédictine de Gembloux, foyer
de lumière durant le moyen âge; au même temps,
sur les bords de la Meuse, une illustre rivale,
l'abbaye de Waulsort, s'élevait grâce à la munificence du pieux comte Eilbert, seigneur de
Florennes. Enfin, tandis que l'empire carlovingien se restaure, que la France est dotée d'une
nouvelle dynastie, un brillant·réveil littéraire
s'annonce, personnifié par Gerbert qui, au pres-
tige d'une science encyclopédique, ajoute, sous
le nom de Sylvestre II, la majesté du souverain
pontificat (999).

CHAPITRE Ier

Naissance et jeunesse de Gérard

« Justus germinabit sicut lilium et
florebit ante Dominum. »

LE saint dont nous allons narrer la vie naquit à
Stave, près de Florennes, dans l'ancien pays
de Lomme, vers la fin du IXe siècle. Dans les
premières années du siècle dernier, on pouvait y
voir encore la tour où Gérard vint au monde.

Ses parents étaient de noble origine. Stance,
son père, appartenait à l'illustre famille des ducs
d'Austrasie; et sa mère Plectrude était, d'après la
tradition, la propre sœur d'Etienne, évêque de
Liège, que Charles - le - Simple, roi de France,
compte dans un diplôme parmi les membres de
sa famille.

L'histoire nous a conservé bien peu de détails sur l'enfance de Gérard; mais tout porte à croire que son éducation fut celle des fils des maisons seigneuriales de l'époque.

Dès que son enfant avait heureusement vu le jour, la pieuse châtelaine s'empressait de le faire transporter à l'église ou au moûtier le plus voisin : elle ne voulait l'embrasser que lorsqu'on le lui eut rapporté régénéré dans l'onde sainte du baptême.

Pour nos pères en effet, à la naissance d'un enfant, la première pensée était une pensée de foi : le petit être, qui vagissait en entrant dans le monde, leur apparaissait comme un esclave soumis à la plus cruelle des tyrannies; et, sans retard, ils volaient aux fonts baptismaux pour lui rendre la liberté des enfants de Dieu. Ce jour du baptême avait dans l'esprit de nos aïeux une toute autre importance que celui de la naissance : aussi jusqu'à la fin de leur vie dans les circonstances solennelles en appelaient-ils avec attendrissement au sacrement qu'ils avaient reçu. (1)

---

(1) Cfr. Gautier. *Enfance d'un baron.* Rev. quest. hist. 1882).

Après avoir été plongé par trois fois, selon la coutume du moyen-âge, dans l'eau régénératrice, l'enfant prédestiné fut reporté à son heureuse mère. Elle le prit entre ses bras avec une tendresse mêlée de respect, et se mit à l'allaiter elle-même, ne souffrant pas qu'une étrangère le nourrît de sa substance. C'est sur les genoux de Plectrude que Gérard bégaya les noms du bon Sauveur et de la divine Vierge; c'est de Plectrude qu'il apprit à prier, comme on priait alors, avec cette foi naïve et pure qui désarme le bras de Dieu et enfante des prodiges.

A l'école maternelle aussi, sa mémoire s'enrichit des traits les plus touchants de la Bible, son intelligence précoce commença à réfléchir sur les mystères augustes de notre religion.

Voilà comment Plectrude comprenait ses devoirs de mère chrétienne. En Gérard elle voyait, éclairée par la grâce, non pas seulement la chair de sa chair, l'enfant qu'elle avait porté dans son sein; mais surtout une âme à façonner, un dépôt précieux confié à sa garde par Dieu lui-même.

A l'époque qui vit naître notre saint, l'instruction donnée aux enfants nobles était des plus élémentaires. Le chapelain du château ou quelque

clerc leur enseignait l'écriture, et leur apprenait à
lire le latin et la langue tudesque ou romane.
Les nombreux loisirs que lui laissait l'étude,
l'enfant les employait en jeux innocents, en
exercices corporels. Son éducation simple et tout
imprégnée de l'idée religieuse avait quelque chose
d'austère, de rude même : elle ne connaissait pas
ces délicatesses pernicieuses auxquelles trop souvent de nos jours, des parents aveuglés accoutu-
ment leurs fils : sa couchette était dure, et il
mangeait un pain grossier.

Souvent Plectrude lui donnait de sages conseils
qu'il écoutait avec une docilité respectueuse.
Stance, de son côté, en un mâle langage, savait
lui inspirer l'honneur et la bravoure : tous deux,
par leurs exemples plus encore que par leurs
paroles, lui montraient comment un gentilhomme
doit vivre pour ne point déroger à sa naissance et
à sa dignité de chrétien.

Ces leçons — est-il besoin de le dire? — étaient
mises religieusement en pratique par le jeune
Gérard. Doué d'une piété solide, il se plaisait
à passer de longues heures dans le lieu saint :
volontiers il écoutait la parole de Dieu et, ce qui
est mieux, la conservait dans son cœur afin de la

méditer à loisir et la faire fructifier. Sa science
de la religion se perfectionnait ainsi, et dans son
âme, avec l'âge, croissait l'amour du bien. Parmi
toutes les vertus la chasteté surtout lui était chère :
pour conserver intact ce trésor d'un inestimable
prix, il fuyait, plein d'horreur, la compagnie
des jeunes gens dissolus ou, quand la nécessité
le forçait à les fréquenter, il témoignait son vif
dégoût pour leurs conversations obscènes.

Une si vertueuse conduite devait être récompensée; et certes le Seigneur Jésus, l'amant des
cœurs purs, comblait celui de Gérard de ses grâces
de choix. La Providence d'ailleurs veillait sur lui,
et le menait comme par la main, le protégeant au
milieu des dangers du monde.

Les années de l'enfance révolues, l'heure vint
où Gérard, comme les jeunes gens de sa condition, dut quitter le manoir paternel pour aller
faire ses premières armes auprès de quelque puissant seigneur. Ce fut naturellement au comte
Bérenger que Stance et Plectrude confièrent leur
fils. Gérard se vit bientôt apprécié de son maître.
Sa douceur et sa vertu, son mâle courage allié
à une rare prudence, toutes les heureuses qualités
qui font le gentilhomme accompli lui gagnèrent

la faveur et l'amitié de Bérenger. Le comte l'appelait à dire son avis dans les affaires les plus difficiles, il s'en faisait accompagner partout; car tous devinaient que Dieu remplissait son jeune serviteur de l'esprit de sagesse et du don de conseil.

Un charme céleste était répandu sur la personne de Gérard. On ne pouvait refuser sa sympathie à ce caractère aimable et conciliant. Ses compagnons eux-mêmes avaient pour lui du respect : la ferveur de sa piété et l'intégrité de ses mœurs les ravissaient d'admiration.

Charitable envers les pauvres, en qui il considérait les membres souffrants du Christ humilié, il leur distribuait d'abondantes aumônes, se privant des choses superflues pour augmenter ses pieuses largesses. Inexorable envers son corps qu'il réduisait en servitude, il pratiquait à la cour l'austérité et la frugalité du cloître.

L'historien Rorhbacher affirme, nous ignorons d'après quels documents, que Gérard fit plusieurs campagnes sous Bérenger : sa vertu, dit-il, n'en reçut aucune atteinte; au contraire, la licence des camps ne servit qu'à la fortifier.

CHAPITRE II

Vocation de Gérard

> « Factum est verbum Domini ad me
> dicens : ..... Ecce constitui te hodie... ut
> evellas et destruas, ædifices et plantes. »

LE Seigneur qui dispose toutes choses avec force et suavité, fait entendre sa voix aux âmes qu'il s'est choisies et veut attacher plus étroitement à son service. Tantôt, comme à Samuel, il parle presque tout bas, dans le silence du sanctuaire; tantôt, comme il advint à Saul, il foudroie le pécheur et en fait un apôtre. Telle est la vocation de ces hommes providentiels, que le Ciel destine dans un siècle troublé à une grande mission : un prodige détermine leur renoncement au monde. Ce fut aussi la vocation de Gérard.

Parmi les distractions des seigneurs au moyen âge, la chasse occupait le premier rang : ils s'y affectionnaient à cause de l'intérêt qu'offre la poursuite des fauves au travers des taillis, ou plutôt parce que, dans ces courses pénibles, ils voyaient un simulacre et un apprentissage de la guerre.

Un jour donc, Bérenger, à la tête d'une brillante troupe de seigneurs, chassait dans la forêt de Marlagne, voisine de Namur. Pendant qu'avec ardeur, le comte et ses compagnons se livrent à leur plaisir favori, Gérard, sous la secrète impulsion de la grâce, se laisse aller à des pensées plus sérieuses. Quand sonne l'heure du retour, au lieu de regagner la résidence comtale, il s'enfonce dans la forêt, et sans plus se soucier du repas, qui attend au logis la suite fatiguée de Bérenger, il se dirige vers la villa de Brogne. Son dessein est d'y visiter une antique chapelle consacrée autrefois par le bienheureux Lambert et bâtie sur des terres appartenant aux seigneurs de Stave. Son âme a faim de la louange divine : pour la rassasier il veut assister à l'office qui chaque jour se célèbre au sanctuaire de Brogne.

Pieux dès sa plus tendre enfance, Gérard trouve en effet ses délices dans la prière liturgique, dans le chant des psaumes et l'ordre des cérémonies pleines d'allégories mystérieuses du culte chrétien. Comme il se montre bien, par là, le disciple prédestiné du patriarche saint Benoît qui, dans sa règle, ordonne aux moines de préférer à tout *l'œuvre de Dieu!* C'est de ce nom si expressif que Benoît appelle la récitation des heures canoniques.

Gérard, à peine arrivé à l'oratoire, demande un prêtre et exprime le désir d'assister aux saints mystères. En attendant, son esprit s'absorbe dans la méditation. Tout à coup, une vision vient frapper ses regards : ce sont les apôtres Pierre et Paul, environnés d'une surnaturelle clarté. Ils lui enjoignent de remplacer au plus tôt la chapelle où il est en prières par une belle et vaste basilique, dédiée au prince des Apôtres et au saint martyr Eugène. O prodige! Il lui semble que saint Pierre le prenant par la main le conduit familièrement par l'église et le portique. Il s'étonne, il se demande ce que cela peut bien signifier. Mais le saint lui trace le plan du sanctuaire qu'il s'est choisi et détermine jusqu'aux moindres détails de sa construction. En même temps, comme preuve de la réalité de leur apparition et comme gage de leur protection bienveillante : « Nous vous ferons, disent les Apôtres, sortir de la pierre une eau salutaire à plusieurs. »

Sur ces entrefaites le prêtre est arrivé; il va monter à l'autel, mais apercevant le pieux jeune homme plongé dans une douce contemplation, il craint de le distraire et laisse s'achever le mystérieux colloque. La vision s'évanouit. Gérard semble sortir à regret d'un délicieux sommeil : il prie le prêtre de l'excuser et, tandis que l'hostie sainte s'immole, il demande au Seigneur de répondre fidèlement à ses desseins sur lui. Sa prière est exaucée : rempli d'une force divine, Gérard prend la résolution d'exécuter sans retard l'ordre qui lui a été donné et, tout ému encore d'une telle faveur, il quitte ce lieu béni pour regagner en toute hâte la résidence du comte Bérenger.

Cependant combien il lui tarde d'accomplir le désir du Ciel! Une sainte impatience agite son âme. En peu de jours, toutes ses mesures sont prises : la chapelle est rasée et, sur son emplacement, on voit bientôt s'élever une église digne de la munificence du serviteur de Dieu. Car Gérard ne se contente pas de remplir à la lettre l'ordre divin : sa piété réclame davantage. Voilà pourquoi il veut doter généreusement cette église miraculeuse et, sur ses revenus, prélever une somme considérable destinée à l'entretien d'une communauté de clercs, chargés provisoirement de la célébration de l'office. Du consentement de son père et de Guy, son frère, il fait cession de ses droits sur le domaine de Romerée en faveur du sanctuaire de Brogne. Pour lui, désireux de se consacrer sans réserve au Dieu qui l'appelle et l'attire depuis longtemps, il forme le projet de construire un monastère à Brogne même, et d'y vivre dans la pratique des vertus évangéliques.

« Que ceux-là sont heureux, se dit-il, qui n'ont d'autres occupations que de louer le Seigneur et de le prier jour et nuit ! » Souvent il a médité cette parole du psalmiste que l'Eglise chante au début de matines : « Si aujourd'hui vous entendez la voix divine, n'endurcissez point votre cœur. » Et Dieu vient de lui parler, de lui montrer, avec plus d'insistance que jamais, le cloître comme l'asile de la vraie joie et la garantie du solide bonheur.

Gérard est prêt : il n'attend plus, pour accomplir son sacrifice, qu'une occasion favorable. La Providence, toujours admirable dans ses voies, va bientôt la lui ménager.

Mais, avant de raconter comment notre saint embrassa la vie religieuse, voyons, pour mieux apprécier sa conduite, quelle idée il se formait du moine. Comme tout le monde aux temps chevaleresques, Gérard voit dans le moine un soldat, dont la vie est une guerre sans trêve. Que d'autres, également illustres par leur naissance, doués du même courage, aillent conquérir la fugitive gloire humaine dans les tournois et sur les champs de bataille; qu'ils s'ingénient à mériter par leurs exploits d'être célébrés comme des héros dans les poëmes et les chansons de gestes; pour lui, la couronne de justice qui ne se peut flétrir, cette gloire dont les saints jouissent auprès de Dieu, semblent mille fois préférables à la vaine renommée qui s'éteint après avoir été répercutée un instant par l'écho des âges. Son cœur, trop vaste pour se contenter des honneurs de la terre, ambitionne la récompense de ceux qu'on a nommés si justement « les soldats du Christ. »

L'existence du cloître n'est-elle pas la milice par excellence? C'est contre des ennemis nombreux, redoutables, rusés, que le moine, dans sa solitude, est appelé à lutter chaque jour sous l'œil de Dieu. Il y a les passions qu'il faut incessamment

combattre; il y a les sens, auxquels toute satisfac-
tion coupable, parfois même naturelle doit être
refusée; il y a la volonté propre, avec ses caprices
et son indépendance native, que le religieux doit
briser à chaque heure pour la soumettre à la règle,
cette discipline de la milice spirituelle. Voilà les
nobles combats que la vaillante âme de Gérard
est impatiente de livrer.

CHAPITRE III

Gérard, moine à l'abbaye de Saint-Denis

> « Labia sacerdotis custodient scien-
> » tiam. Dedit illi scientiam sanctorum »

Peu de temps après la construction de la basilique de Brogne, Bérenger ayant des affaires de la plus haute importance à traiter avec Robert, comte de Paris, jeta les yeux sur le prudent Gérard. Il ne trouvait, parmi son entourage et les seigneurs qui composaient son conseil, personne à qui il pût, avec plus de sécurité et une assurance plus grande de succès, confier une mission aussi délicate.

Accompagné d'une escorte, notre saint partit de Namur en 918. Le voyage s'acheva sans encombre. Le jour était sur son déclin, quand Gérard arriva enfin en vue de Lutèce, aux portes

de l'abbaye de Saint-Denis. Pendant que ses gens
se dispersent à la recherche d'un gîte pour la
nuit, il aspire à se recueillir et à implorer les
lumières d'en haut. Son attrait pour le cloître le
pousse d'ailleurs à passer quelques jours, quelques
heures du moins dans la retraite, afin d'y réclamer
le secours divin dont il ressent le besoin à la veille
de remplir une négociation pleine de difficultés.

Il entre donc dans l'église du monastère. C'était
l'heure des vêpres, et les religieux faisaient commé-
moraison de saint Eugène, martyr. Cette coïnci-
dence le frappe. Quel est ce saint, se demande-
t-il? Ne serait-ce pas celui que Dieu a désigné
pour être le patron de mon église de Brogne?

L'office terminé, Gérard s'empresse de satisfaire
sa légitime curiosité : il prend à part les religieux,
il les interroge sur ce saint martyr dont il vient
d'entendre prononcer le nom pour la seconde fois.
« C'est, lui répondent-ils, le compagnon de notre
protecteur saint Denis; à quelques lieues d'ici, il a
versé son sang pour la foi, et nous vénérons ses
restes dans cette église. »

A ces paroles, Gérard tressaille de joie. Il fait
connaître sa mission auprès du comte Robert,
il raconte la vision dont le Ciel l'avait naguère

favorisé; puis il exprime l'ardent désir d'emporter à Brogne les reliques de saint Eugène, pour en enrichir sa chère fondation.

Les moines d'abord refusent de se séparer de leur trésor; mais, cédant aux instances de leur pieux visiteur, et entendant de sa bouche la promesse d'embrasser la vie religieuse à Saint-Denis après le temps des épreuves ordinaires, ils consentent enfin à sa demande. Une condition lui était imposée : il fallait fonder à Brogne, avec une colonie de Saint-Denis, un nouveau monastère bénédictin. Gérard l'accueille avec transport. Ici encore sa perspicacité lui fait reconnaître le doigt de Dieu.

En vain, pendant la nuit, cherche-t-il le repos; son esprit est trop préoccupé : le néant des choses humaines le frappe vivement; la conduite de la Providence à son égard le touche jusqu'à l'enthousiasme : pour gagner le Ciel il est prêt à tout entreprendre et à tout souffrir.

Dès que sa mission est remplie, Gérard retourne auprès du comte Bérenger. Celui-ci satisfait de l'habileté et de la prudence avec lesquelles son jeune favori a exécuté ses recommandations, le félicite et manifeste l'intention de récompenser ses signalés services. Mais notre saint : « Permettez, dit-il, que je sollicite de votre bienveillance une faveur que j'estime plus précieuse que les honneurs dont vous pourriez me combler; depuis un long temps, j'ai renoncé en mon esprit aux biens périssables de ce monde; mon unique désir est de me donner tout entier à Jésus-Christ, sous le froc du moine. »

Bérenger ne s'étonne point, car il sait la piété, la douce charité, la sagesse dont Gérard lui a déjà donné tant de preuves. Mais c'est avec peine qu'il se résout à laisser partir un gentilhomme d'un tel mérite, l'ornement de sa cour, son conseiller et son ami.

Muni de la bénédiction de son oncle, l'Evêque de Liège, auquel il a communiqué son projet, encouragé par lui à suivre la vocation divine, Gérard reprend la route de la France. Le voilà donc arrivé ce moment impatiemment attendu où, libre de toute entrave, il pourra se consacrer à Dieu sans retour! Telles sont ses dispositions quand il vient heurter à la porte du monastère de Saint-Denis.

A la vérité, les religieux ne s'attendaient guère à le revoir : au jeune postulant, ils avaient

appliqué le passage de l'Evangile, où nous lisons
la défection du jeune homme riche qui ne savait,
en vue de la perfection, se déterminer au sacrifice
de sa fortune. Aussi, grande fut la surprise des
moines. Ils témoignèrent une vive joie de le
recevoir, louèrent sa grandeur d'âme et l'accueil-
lirent comme un frère.

Quant à notre saint, impatient d'accomplir
le renoncement auquel le conviait le divin Maître,
il se dépouille, avec sa chevelure, de tous les sentiments mondains, et cède à l'abbaye la propriété
des biens qu'il possédait au pays de Lomme.
Dégagé de la sorte de toute attache terrestre,
son cœur se dispose à jouir désormais avec une
entière liberté de la possession de Dieu, seul
trésor impérissable.

À cette époque de l'histoire, les sciences
humaines se trouvaient dans une triste situation.
Les Normands, dans leurs incursions du siècle
précédent, avaient ruiné foule de monastères qui
étaient autant de foyers d'érudition et de piété :
bien rares étaient les écoles, échappées au torrent
dévastateur, où s'était réfugiée, comme dans un
dernier asile, la vie scientifique et littéraire. On
comprend après cela comment un homme aussi

distingué que Gérard, chargé de négocier les
affaires les plus épineuses, n'avait des lettres
qu'une connaissance rudimentaire : bon nombre
de gentilshommes de son temps savaient à peine
lire et écrire!

Il fallait certes un courage peu ordinaire, une
humilité profonde pour reprendre, à son âge,
l'étude de la grammaire. C'est là pourtant une
faveur qu'il sollicite peu après son entrée à Saint-
Denis : il ne l'obtient qu'à force d'instances. Avec
ardeur Gérard s'adonne au travail sous la direction
d'un moine : et telle est son aptitude, telles sont
ses heureuses dispositions qu'il parvient, en peu
de temps, à savoir par cœur tout le Psautier;
à comprendre et à interpréter non seulement la
Bible, mais les écrits des saints Pères. Puis sans
doute, comme son contemporain, le bienheureux
Jean, abbé de Gorze, parcourant l'histoire de
l'Ancien et du Nouveau Testament, il en confie
à sa mémoire les traits et les enseignements les
plus importants. Il apprend les leçons que l'on
récite à certains jours pendant l'office, les oraisons, les rites divers qui règlent l'administration
des sacrements, les lois de la supputation des fêtes
et des époques liturgiques. Préceptes canoniques,

décrets des conciles, édits des princes séculiers,
principes de la juridiction au for intérieur, il ne
néglige rien de ce qui peut l'instruire. Homélies,
traités sur les leçons tirées de l'Evangile ou des
épîtres, vies des saints les plus dignes d'admiration,
voilà ce qui fait l'objet de ses études et de ses
méditations journalières. C'est ainsi qu'il acquiert
une grande facilité d'élocution, puisant chaque
fois qu'il doit discourir dans ce riche trésor de
connaissances. (1)

Non moins avide d'acquérir la science des
saints, Gérard mettait une scrupuleuse exactitude
à observer la règle du monastère, à faire usage
« des instruments de l'art spirituel » comme parle
le patriarche des moines d'Occident. Il lui tardait
en effet d'arriver au sommet de la perfection
religieuse. Chacun admirait sa solide et touchante
piété, sa sollicitude à accomplir l'œuvre de Dieu,
son amour du silence et de la mortification, sa
charité toujours douce, toujours bienveillante : en
un mot, on reconnaissait en lui le vrai moine de

---

(1) Cfr. *Vita S^{ti} Joannis Gorziensis abbatis.* cap. 18. Act.
SS. O. S. B. saec. V.

saint Benoît, mélange heureux de douceur et de force tempérée d'une constante sagesse.

Les progrès et la régularité exemplaire du fervent religieux déterminèrent ses supérieurs à lui conférer les Saints Ordres. C'était alors un privilège qui ne s'accordait qu'à de rares sujets, la plupart des frères ne montant pas les degrés de l'autel. Malgré la résistance opiniâtre qu'opposa son humilité, Gérard, après avoir passé par toutes les fonctions intermédiaires, fut enfin, la neuvième année de son séjour à Saint-Denis, promu au sacerdoce. Ce fut l'Evêque de Paris, Adelhème, successeur de Fulrade, qui l'ordonna.

Nous pouvons deviner, sans les pouvoir ressentir dans toute leur vivacité, les saints mouvements qui s'emparèrent de son âme quand, pour la première fois, ses mains offrirent à Dieu, en faveur du monde coupable, l'hostie d'expiation. Que de douces larmes il répandit, tandis que le Prêtre éternel accueillait là haut, en les bénissant, les ferventes prémices de son sacerdoce! O heure vraiment bénie entre toutes, que celle où un homme, ayant à peine franchi le seuil de la virilité, n'étant par nature que néant et faiblesse, commande au Verbe divin par qui toutes choses ont été faites! Le Fils même de Dieu obéit sans retard à la voix de sa créature non plus esclave, mais amie, qui l'invite à renouveler la salutaire immolation de la Croix.

Un si profond mystère d'amour, un prodige d'anéantissement si incompréhensible, voilà ce qui confondait l'esprit de Gérard. La sainte terreur qui le remplissait, était seulement dissipée par la confiante pensée de son désintéressement. Il lui semblait que son indignité aurait du l'éloigner à jamais de l'autel; mais puisque la volonté de ses supérieurs lui ordonnait d'y monter, sa pieuse âme, abandonnant toute crainte, se livrait docile aux embrasements de la Charité.

CHAPITRE IV

Retour de Gérard au pays de Lomme

« Laudate Dominum in sanctis ejus...
mirabilis Deus in sanctis suis. »

Durant ces longues années de probation, passées dans l'exercice des vertus monastiques, Gérard avait fait preuve de tant de sagesse et de docilité, qu'il lui parut enfin permis de rappeler à ses frères leur promesse de lui céder les reliques de saint Eugène. Au chapitre, devant la communauté assemblée, il formula donc sa demande. Rien assurément n'était plus légitime. Aussi les religieux de Saint-Denis, pour qui accomplir une promesse était une obligation sacrée, n'hésitèrent point, quoiqu'il leur en coutât, à satisfaire le désir du serviteur de Dieu. D'ailleurs ils aimaient, ils vénéraient leur vertueux Gérard, celui qu'ils avaient dans leur admiration appelé du nom de Père. Ils lui abandonnèrent sans trop de regrets, une partie de leur insigne trésor. Aux reliques du saint martyr (os du bras et autres parcelles), ils joignirent encore des ossements de deux innocents, martyrisés par le roi Hérode, ainsi qu'un autel portatif, recouvert de ciselures d'argent, sur lequel saint Denis avait célébré dans sa prison. Les livres ne furent pas oubliés. On lui donna pour la bibliothèque de la nouvelle abbaye d'antiques manuscrits destinés à l'instruction des moines. C'étaient vraisemblablement des évangéliaires, des psautiers, des antiphonaires, des manuels d'oraisons, des Ordos, la Bible, les Vies des Pères, et les Actes ou passions des martyrs, le traité de saint Hilaire sur la Trinité, les Etymologies de saint Isidore, les lettres de saint Jérôme, et d'autres ouvrages compris à cette époque sous le titre de *livres ecclésiastiques*. (1)

Vint le jour de la séparation. Gérard dit adieu

-----

(1) Voy. *le Testament de S. Gennade* en 953. Act. SS. O. S. B. sacc. V.

à cette maison qui l'avait formé à la vie claustrale, à ces bons religieux dont il avait reçu un fraternel accueil, à ces lieux sanctifiés par plusieurs générations de fidèles imitateurs du divin Maître : son cœur saignait à la pensée de quitter le monastère où pendant dix années il avait goûté le bonheur d'appartenir à Jésus-Christ.

Mais cette sorte d'inconsciente tristesse, qui nous envahit quand il nous faut laisser des êtres et des choses chers, ne régnait pas seule dans l'âme virile de notre Gérard : un autre sentiment, celui de l'espérance, la dilatait en lui faisant entrevoir dans un prochain avenir, son abbaye de Brogne, asile de religieuse ferveur, source d'édification pour les contrées environnantes. Son rêve de plus de dix ans, allait donc devenir une réalité!

A ses côtés, il voyait les douze moines doctes, zélés, fidèles observateurs de la règle, que le monastère de Saint-Denis lui confiait pour servir, comme les apôtres à l'Eglise, de fondement et de colonnes à l'édifice qu'il souhaitait construire. Et pour l'aider dans cette entreprise, n'avait-il pas avec lui les reliques de ce martyr que le Ciel lui-même lui avait donné comme protecteur? Voilà ce que se dit Gérard au moment où la pieuse caravane se met en route. Elle se hâte, elle précipite même sa marche. Craindrait-elle les insultes des mécréants, les attaques des bandits postés le long du chemin, ou celles des barbares infestant de nouveau le pays? Non, chose qui semblera prodigieuse à nos modernes esprits forts, elle craint uniquement qu'on ne lui arrache, dans les bourgades qu'il lui faudra traverser, quelques ossements de martyrs!

Dans ces siècles de foi enthousiaste, les saints apparaissaient aux foules comme les prophètes de la Loi ancienne, investis d'une mission et d'un pouvoir surhumains : leur gloire éclipsait toute autre gloire. Les martyrs surtout, étaient pour elles d'incomparables héros, couronnés dans le ciel, et accordant de là, aux fidèles une efficace protection. Aussi tout ce qui avait appartenu à ces hommes divins, leurs ossements par dessus tout, avaient aux yeux des chrétiens d'alors infiniment plus de valeur que les trésors de la terre. On enveloppait leurs reliques dans l'or et la soie; on les renfermait dans des châsses d'un merveilleux travail : car on était convaincu qu'elles étaient pour la ville, le pays qui leur accordait l'hospitalité, une infaillible sauvegarde contre les dangers, un rempart inexpugnable contre les puissances ennemies de l'homme. De là la pieuse rivalité de populations voisines : c'était à qui posséderait les reliques les plus nombreuses et les plus insignes. De là parfois encore des contestations sans fin, des procès, des luttes longues et opiniâtres où le sang même était versé (1).

Après cela, la précipitation qu'affectaient les compagnons de Gérard en quittant le monastère de Saint-Denis s'explique tout naturellement; et ce que nous venons de dire éclaircira le récit de l'arrivée et de la réception des reliques de saint Eugène au pays de Namur.

Heureusement les craintes des pieux voyageurs devaient être vaines. Ils arrivèrent à Couvin, municipe situé aux confins de l'ancien pays de Lomme. Là, dans le prieuré dont l'oratoire abritait le corps du saint abbé Venant, Gérard fit déposer les reliques de son émule, le martyr Eugène. Elles y étaient en toute sécurité, puisque

---

(1) Voyez à ce sujet la curieuse *vie de sainte Foy. Grande vie des Saints,* par Collin de Plancy, t. XIX, pp. 201 et suiv.

le prieuré était pour lors desservi par deux religieux du monastère de Saint-Germain-des-Prés,
que Gérard connaissait personnellement et qui lui
étaient même unis par les liens d'une sainte amitié.

Cependant d'après une sage mesure de l'Eglise,
il fallait, avant d'exposer des reliques à la
vénération du peuple, l'autorisation expresse de
l'Ordinaire du lieu. Voilà pourquoi, laissant à
Couvin son trésor à la garde de Verembert et
d'Ermar (c'étaient les noms des deux religieux
de Saint-Germain), Gérard se rend à Liège auprès
de l'Evêque. Richaire non seulement s'estime
heureux d'accorder la permission sollicitée, mais
rendant grâces à Dieu de ce qu'il a daigné doter
son diocèse des glorieuses dépouilles du héros
chrétien, il écrit aux fidèles une lettre pastorale
par laquelle il les exhorte à honorer particulièrement le martyr Eugène, et à recevoir ses restes
avec toutes les marques d'une sainte allégresse.

Le succès qui venait de couronner la nouvelle
démarche tentée par Gérard, était bien de nature
à l'encourager à mettre sans plus de retard son
pieux projet à exécution. Revenu à Couvin, il
dispose tous les détails de la cérémonie de la
translation; il la veut solennelle et majestueuse,

Au jour fixé afflue de toutes parts une innombrable foule. C'est à grand'peine qu'au travers des flots pressés de la multitude répandue depuis Couvin jusque Brogne, le religieux cortège s'avance. Tous à l'envi, nobles et manants, hommes libres et esclaves, veulent sur leurs épaules porter la châsse contenant les reliques ; chacun essaie d'y appliquer respectueusement les lèvres ; on offre au Saint des dons et des prières ; des malades sont apportés afin que, comme autrefois sur le passage de Pierre, ils se trouvent guéris au seul contact de la châsse vénérée. C'est la persuasion commune qu'il en sort une mystérieuse vertu.

En même temps s'élève un concert de cris de joie s'harmonisant avec des cantiques, où sont célébrées les louanges du triomphateur : car la translation avait toutes les apparences d'un triomphe.

On devine l'enthousiasme qui s'empara de la foule, quand l'archidiacre Adelhème, délégué par l'Evêque de Liège, vint du monastère de Saint-Feuillen, à Fosses, à la rencontre du cortège. Autour du prélat se pressait un nombreux clergé ; la Croix marchait en avant et des bannières flottaient au-dessus des populations qui suivaient recueillies. Adelhème se prosterna par trois fois avec les siens, en se frappant la poitrine, devant les reliques. Ensuite, au chant du *Te Deum*, entonné par des milliers de voix et répercuté par l'écho des forêts d'alentour, les pèlerins s'acheminèrent vers la ville de Brogne. Dès que le cortège y arriva, l'archidiacre prit avec respect sur ses épaules le précieux fardeau et voulut le déposer lui-même sur l'autel de la basilique.

Voilà comment, aux siècles de foi, nos pères savaient honorer les Saints : en eux ils louaient Dieu, dont la puissance divinise en quelque sorte ses serviteurs fidèles, et Lui rendaient de solennelles actions de grâces pour les merveilles opérées par leur entremise.

Cette translation des reliques de saint Eugène se fit en 928, le 18 du mois d'août, jour où l'Eglise célèbre la fête de saint Agapit. Pour en perpétuer la mémoire, le clergé et le peuple décidèrent à l'unanimité de se rendre chaque année à Brogne, à cette même date, remercier le Seigneur du joyeux événement qui avait fait couler tant de douces larmes.

CHAPITRE V

Gérard au monastère de Brogne

> « ..... Beatus vir qui in lege Do-
> mini meditatur;.. erit tanquam lignum
> quod plantatum est secus decursus
> aquarum, quod fructum suum dabit in
> tempore suo. »

Au comble de ses vœux, Gérard ne tarda pas à renvoyer les clercs qui vivaient à Brogne et à leur substituer les moines de Saint-Denis. Grâce à son crédit, il obtint des rescrits impériaux en faveur de sa chère fondation; mais comme il voulait lui donner une base solide, il multiplia ses démarches, et ne négligea aucun des moyens que lui suggérait la prudence, afin de garantir la prospérité du monastère nouveau. Nullement satisfait des privilèges et de la protection que lui promirent les princes séculiers, il entreprit le voyage de Rome, dans le dessein de solliciter du souverain

Pontife une charte confirmant l'érection de Brogne.

Le Pape Etienne, qui occupait alors le siège pontifical, reçut Gérard avec les témoignages de la plus grande bienveillance. Il lui octroya volontiers les faveurs qu'il désirait, et écrivant même sous sa dictée, il lui donna un diplôme avantageux avec la faculté de le faire souscrire à son retour par les évêques dont il traverserait le diocèse.

Ce ne fut pas sans danger, comme on le pense bien, que le serviteur de Dieu accomplit ce lointain pélérinage à une époque où les communications offraient des difficultés de tout genre. La traversée des Alpes, qu'infestaient des bandes sarrasines, fut particulièrement périlleuse; mais Gérard et les siens, grâce à la protection divine, échappèrent aux dangers semés sur leur route. Ils arrivèrent sains et saufs à Brogne après une longue absence.

Le monastère était bâti sur une colline peu élevée; un ruisseau, le Burnot, coulait paisible à ses pieds. Au bas de la déclivité, au lieu appelé aujourd'hui le Try-Hallot, se trouvait assise, dit-on, la villa, noyau du village primitif de Saint-Gérard.

Ordinairement, dans leur sentiment exquis de la nature, les anciens moines choisissaient pour l'emplacement de leur retraite un site agréable et pittoresque, un lieu sauvage en sa beauté. Gérard n'avait pas eu à choisir, Dieu lui-même ayant prédestiné l'humble hameau à voir surgir l'abbaye célèbre, à laquelle Saint-Gérard doit aujourd'hui, avec sa prospérité, une place dans l'histoire.

« Les moines, dit saint Jean Chrysostome, sont des phares situés sur de hautes montagnes : ils attirent tous les navigateurs au port tranquille qu'ils éclairent. »

L'histoire nous montre, en effet, que la plupart des villes considérables d'Occident eurent une abbaye pour berceau. Pendant des siècles, les monastères furent autant de foyers lumineux, qui dispensaient à la société, en les répandant jusque dans ses profondeurs, la chaleur et la vie.

Et pourtant quelle institution humaine a rencontré de nos jours plus d'ingratitude, de haine ou de préjugés, que l'institut monastique? Pour les plus modérés de ceux qui ne croient pas au surnaturel, le cloître est tout au moins une sorte d'asile d'aliénés atteints d'une folie sublime : le mysticisme. Et parmi les croyants eux-mêmes, combien ne voient dans la vie claustrale, qu'une existence inutile et désœuvrée, tout imprégnée de tristesse et de mélancolie !

Il y aura toujours des gens qui blasphèmeront ce qu'ils ignorent. Le moine est, peut-on dire, la vivante incarnation de la perfection évangélique. Ce chrétien des premiers âges perpétué providentiellement dans le nôtre, non content d'accomplir à la lettre les préceptes de Jésus, veut encore mettre ses conseils en pratique, et ainsi, dans sa vie quotidienne, retracer, autant qu'il est possible à l'humaine faiblesse, la vie de son divin maître. Étranger aux soucis engendrés par la possession des richesses, il jouit dans la paix avec son Dieu et avec lui-même de la plus grande somme de bonheur que nous puissions goûter sur terre. Ses jours se passent tranquilles, et bien remplis : car il sait les partager entre la prière, la lecture ou l'étude et le travail. « L'oisiveté, écrit le législateur des moines d'Occident, dans sa règle, l'oisiveté est l'ennemie de l'âme. Et c'est pourquoi à certaines heures, les frères doivent s'occuper du travail manuel... Ils ne sont de vrais moines, que lorsqu'ils vivent du travail des mains, comme nos Pères de la vie cénobitique et les Apôtres eux-mêmes. (1) »

Qui donc a défriché dans nos pays ces terres que couvraient les sombres forêts druidiques; et assaini, desséché, fertilisé ces immenses marécages qui occupaient la plus grande partie de la Belgique ancienne? Des moines, premiers et seuls civilisateurs de nos contrées encore barbares. Qui nous a conservé les chefs-d'œuvre de la philosophie et de la littérature antiques? Encore ces moines, si bassement calomniés : ils ont consacré une notable partie de leur vie à transcrire avec une admirable patience les manuscrits qui font aujourd'hui la richesse de nos bibliothèques. Qui a élevé ces églises monumentales, où sont entassées des merveilles d'art, et que notre siècle essaie péniblement de copier? Toujours ces moines, marchant à la tête du vrai progrès comme ils avaient marché à la tête de la vraie civilisation. Libre aux aveugles volontaires de fermer obstinément les yeux à la lumière; mais les faits sont là qui se dressent dans leur brutale évidence pour venger la mémoire des religieux des siècles écoulés.

------

(1) Chap. 48.

En fondant son monastère de Brogne, après s'être enrôlé dans les rangs des conquérants pacifiques qui combattent sous la bannière de Benoît, Gérard a donc bien mérité de la patrie, et de la société. Ce n'est pas seulement un saint; c'est aussi un grand homme et un grand citoyen dont la Belgique peut s'enorgueillir.

Mais s'il a joué un rôle prépondérant dans les affaires de son pays, l'ambition certes n'était pas son mobile; un motif plus noble le poussait à accomplir de grandes choses : accroître la gloire de son Dieu et secourir les hommes, ses frères.

La volonté seule de ses supérieurs ou des princes temporels fut assez puissante pour l'arracher à une retraite où il aurait voulu vivre ignoré, méconnu. Pour lui, comme pour toutes les âmes d'élite, la solitude était pleine d'attraits : il pensait qu'on ne peut rien faire sans elle; qu'on n'apparaît avec sécurité et succès au grand jour de la vie publique, qu'après s'être formé dans le silence de l'isolement.

Naturellement la renommée de son extraordinaire vertu s'était au loin répandue : on voulait voir, on voulait consulter l'homme de Dieu. Des personnes de tout rang affluaient sans cesse au monastère, désireuses de s'entretenir avec Gérard. Mais l'humilité du vénérable abbé souffrait beaucoup de ces visites fréquentes : l'empressement qu'on témoignait à le voir lui faisait craindre de perdre le fruit de ses méditations prolongées, et cette paix intérieure que produit le recueillement. Il résolut donc de se retirer dans une cellule écartée près de l'église, où il pût fuir plus complètement le bruit du monde et s'arracher aux importunités des visiteurs. Mais auparavant, selon la sage recommandation de la règle bénédictine, il partagea entre les anciens le gouvernement de la communauté.

La misanthropie n'entrait pour rien dans cette réclusion. Depuis longtemps, par obéissance à la loi divine, Gérard avait dit un éternel adieu aux choses d'ici-bas et renoncé à une gloire éphémère. La solitude, où il aimait se renfermer, était peuplée par Dieu lui-même : tout lui rappelait ses perfections infinies, et avec Lui il conversait par une pensée de foi. Au reste ne se souvenait-il pas de l'immatérielle image de tous ceux qu'il aimait dans le Seigneur, comme les saints savent aimer? A l'exemple de l'apôtre il rendait grâces à Dieu pour tous les hommes : pour eux il s'offrait en hostie propitiatoire. Enfin l'esprit fortifié, enrichi, discipliné par l'étude et la réflexion; le cœur enflammé de zèle, il était prêt à sortir de sa retraite dès que le devoir le lui demanderait.

CHAPITRE VI

Gérard réformateur

> « In lege Domini voluntas ejus... omnia
> quaecumque faciet prosperabuntur. »

Tout religieux, dit quelque part Châteaubriand, qui, à l'aide d'une haire et d'un sac est parvenu à rassembler sous ses lois un grand nombre de disciples, n'est certes pas un homme ordinaire; et les ressorts qu'il a mis en usage, l'esprit qui domine dans ses démarches valent bien la peine d'être examinés.

Quand Gérard naquit, les Normands venaient à peine de cesser leurs ravages; à leur seule approche les moines et les prêtres avaient fui épouvantés, emportant les ornements sacrés, les livres et surtout les reliques.

Mais à cette époque, la société trouvant dans

les moines ses guides et ses plus fermes soutiens, leur disparition aggravait une situation déjà bien lamentable. Gérard plus que tout autre en souffrait : il gémissait sur le dépérissement des écoles monastiques, si florissantes naguère. Par suite aussi des malheurs du temps, il éprouvait une sainte tristesse de voir des clercs dissipés et ignares occuper la place d'excellents religieux dans les rares monastères échappés à la dévastation.

Les invasions toutefois n'étaient pas l'unique cause de cette décadence. Par une pensée louable, les princes séculiers avaient d'abord pris sous leur protection les maisons religieuses bâties sur leur territoire; mais bientôt cette tutelle avait dégénéré en abus, et ces abbés laïques, comme on les appelait, introduisirent dans le cloître des coutumes mondaines et des mœurs guerrières avec le relâchement. « La noblesse imposa aux moines son avouerie armée; mais ceux-ci opposèrent la force à la force, et les monastères devinrent de véritables forteresses. » (1) Ecoutons à ce sujet les Pères du Concile de Trosly : « Maintenant les abbés laïques séjournent dans les monastères avec leurs

____

(1) De Gerlache.

femmes, leurs fils et leurs filles, avec des soldats et des chiens. Comment un tel abbé lira-t-il la règle? Comment la comprendra-t-il? Qu'on lui en apporte le livre, il répondra : je ne sais pas lire! » (909).

« Ces spoliateurs, dit de son côté le moine Abbon, par ruse et par fraude, par des pillages, par des meurtres, par des signatures injustes détruisent les asiles de la chrétienté : les sièges épiscopaux et les monastères. En les possédant, ils refusent de payer le cens, et ainsi ils font leur propriété sacrilège de ce qui appartient au Christ. Souvent même ils s'emparent avec violence des biens de l'Eglise et les retiennent contre toute justice. Aussi, c'est un fait connu de tous, beaucoup d'abbayes sont abandonnées, parce qu'on a spolié leurs habitants des biens qui leur procuraient la subsistance. »

De tels maux réclamaient un prompt, un énergique remède. Il fallait tout à la fois ramener les princes à des sentiments plus équitables, leur faire effacer jusqu'aux derniers vestiges d'empiétements iniques, et convertir les clers dégénérés à une vie plus chrétienne, en leur inspirant l'estime de leur vocation. Tâche ingrate et impérieuse nécessité, auxquelles la Providence daigna pourvoir dans notre pays en faisant naître Gérard.

Qui en effet, mieux que lui, pouvait rendre à l'institut monastique sa splendeur primitive et par là sauver les mœurs, la société, les lettres? Sa naissance lui donnait auprès des grands un facile accès. Par sa prudence, sa sage condescendance, par la noblesse de toutes ses démarches il s'était habilement concilié leur faveur : il était devenu leur bras droit et leur arbitre. D'autre part la pureté de sa vie et l'éclat de ses miracles lui avaient conquis sur le peuple un irrésistible ascendant; et les préventions les plus hostiles tombaient devant sa douceur, son affabilité. Mais avant tout la prière était entre ses mains une arme dont il savait user pour renverser des obstacles insurmontables en apparence : pénétré de son impuissance, il implorait humblement la bénédiction de Dieu sur ses efforts et sur ses travaux, à la différence des hommes naturels et de peu de foi qui dans le gouvernement des âmes mettent leur principal appui dans leurs lumières, leurs talents, les expédients d'une savante politique. La faiblesse en effet qui sait s'agenouiller devient une invincible force : créature chétive, imperceptible atome perdu dans l'immensité, l'homme, dès là qu'il met la volonté divine à la place de la sienne, se trouve surnaturellement transformé en un levier d'une puissance capable de soulever le monde. L'histoire ecclésiastique en fait foi. C'est le grain de sénevé, la plus petite des semences; mais confié au sol, il germe sous la rosée de la grâce, il se change en un grand arbre couvrant la terre de ses rameaux et abritant les oiseaux du ciel.

Dans cet anéantissement et cette immolation de lui-même gît le secret de la prodigieuse influence de Gérard. Pour la peindre, le biographe anonyme nous dit dans son poétique langage : « Comme au printemps les abeilles s'envolent de concert vers un arbre en fleurs, pour puiser dans les corolles odorantes le suc qu'elles déposeront dans les cellules stériles de leur ruche, ainsi les âmes, avides de perfection et languissantes dans le service du Seigneur, se pressaient autour du bienheureux Gérard dans l'espoir de trouver un remède à leur aridité, un stimulant à leur nonchalance ».

C'est de la sorte que le saint abbé devint l'heureux réformateur, le second père de beaucoup d'abbayes en Lotharingie, en Flandre, et ailleurs. Son biographe en fixe le nombre à dix-huit : parmi elles figurent les monastères de Saint-Pierre et de Saint-Bavon à Gand, de Saint-Ghislain en Hainaut, de Saint-Martin à Tournai, de Marchiennes, de Saint-Remi, d'Hasnon, de Saint-Vast à Arras, de Saint-Amé à Douai, et la célèbre maison de Sithiu ou de Saint-Bertin dans la Flandre française.

Entre les glorieux restaurateurs de l'ordre bénédictin, on peut donc assigner à Gérard une place marquante. Il se montra le digne imitateur de saint Benoît d'Aniane qui, un siècle plus tôt, secondé par le roi Louis, suscita dans la Gaule franque, par sa réforme imposée à tous les monastères de l'empire carlovingien, une efflorescence splendide de la vie religieuse. Emule et contemporain de saint Odon de Cluny († 942), dont le zèle peupla les cloîtres de la Bourgogne et des pays limitrophes, notre vénérable compatriote, le moine Gérard, honoré de la confiance et de l'amitié des princes, dut à ses succès l'honneur d'être appelé « un autre saint Benoît. » (1)

---

(1) Mabillon. *Vita S^{ti} Geraldi*, abb. obs. 5.

Pourrait-on s'empêcher de reconnaître en lui
l'homme de la Providence, l'instrument dont elle
se servit pour raffermir l'édifice chancelant du
patriarche de Nursie? Comme Esdras, au retour
de la captivité, s'appliqua à relever de leurs ruines
le temple et la cité de David, à expliquer et à faire
aimer au peuple la loi divine, Gérard par sa restauration religieuse ranima chez nous la religion,
l'agriculture, l'instruction, tout ce qui avait péri
ou avait été ébranlé sous les terribles coups des
Normands. Ce seront là à jamais sa grandeur
et sa gloire.

Nous ne suivrons pas le saint réformateur dans
tous les lieux où l'appela sa mission : nous nous
arrêterons à certaines circonstances de sa réforme,
qui offrent quelqu'intérêt ou nous révèlent davantage, nous font, pour ainsi parler, toucher du
doigt cette sagesse surhumaine qui inspirait toute
sa conduite.

CHAPITRE VII

Gérard réforme le monastère de Saint-Ghislain

DE toutes les réformes entreprises par Gérard la première apparemment est celle de l'abbaye de Saint-Ghislain en Hainaut. (1) Cupides, avares (tels l'histoire nous les représente), les clercs qui y avaient pris la place des religieux disparus, s'en allaient partout avec les restes de leur glorieux patron, demandant l'aumône et trafiquant de la piété populaire.

Le duc de Lotharingie venait de se résoudre à mettre un terme à ces scandales, lorsqu'un

---

(1) Avant la mort de Gislebert, duc de Lotharingie, arrivée en 937; en 931 d'après la chronique du Mont-Blandin (XIe siècle).

événement surnaturel stimula son zèle. Pendant une nuit, saint Ghislain lui apparaissant, le supplia de le défendre contre ses ennemis.

« Et pourquoi, s'écrie le prince étonné, pourquoi recourir aux forces humaines? N'avez-vous point pour vous protéger le bras tout-puissant du Dieu des armées?

» — Sans doute, reprend le saint; mais je ne puis souffrir davantage les insultes des clercs dégénérés de Celle. Dans ce monastère, que le Christ lui-même m'inspira de fonder, il n'y a plus de ferveur, plus de régularité. Les ecclésiastiques qui l'habitent, ne se cherchent qu'eux-mêmes au lieu de se dépenser pour la gloire de Dieu. Ils promènent sans respect mon corps par les chemins et les places publiques : ils ne me laissent aucun repos. Je vous conjure donc, vous, qui êtes investi du gouvernement de la Lotharingie, de remédier au plus tôt à cette triste situation. Cherchez-moi un pasteur digne et capable, qui rétablisse dans mon monastère l'ordre et la discipline.

» — Et où trouverai-je cet homme précieux que vous me réclamez?

» — N'en soyez pas en peine : il y a ici près, au pays de Lomme, au lieu appelé Brogne, un serviteur de Dieu. Gérard est son nom. Il mène une vie toute céleste dans la contemplation des choses divines, renfermé dans une étroite cellule auprès de l'entrée du monastère. C'est lui qu'il faut appeler; c'est à lui qu'il faut confier la réforme de mon abbaye de Celle : dans ce pays personne ne me paraît plus apte à remplir avec succès cette ingrate mission. »

A ces mots la vision disparut.

Tel est le récit, que nous a transmis le biographe anonyme de saint Gérard. Quoi qu'il en soit, le religieux Gislebert assembla ses Etats à Dinant; il pressa vivement l'abbé de Brogne, qu'il avait convoqué, d'amener les clercs de Saint-Ghislain à de meilleurs sentiments ou de leur substituer des moines bénédictins. Notre saint par humilité et prétextant le nombre de ses travaux opposa une longue résistance. Il finit pourtant par accepter; mais ce ne fut que grâce à la démarche, aux instances réitérées du comte de Hainaut et de l'évêque de Cambrai, qui vinrent sur l'ordre du duc Gislebert trouver à Brogne l'homme de Dieu dans la cellule isolée où il vivait en reclus.

Nous laisserons la parole au biographe pour narrer cette entrevue. Après avoir salué Gérard,

et lui avoir donné le baiser de paix, les négocia-
teurs exposent le motif de leur voyage. Mais le
saint, avec la naïve simplicité de la colombe :
« Comment, dit-il, pourrais-je accomplir ce que
vous exigez de ma faiblesse? Est-ce que moi, qui
ai dit un éternel adieu aux frivolités du monde,
qui ai méprisé pour l'amour de Dieu les choses du
siècle, j'irai de nouveau tourmenter mon âme en
la livrant aux soucis dont elle a été si heureuse
de s'affranchir? Vous mêmes, je le demande,
examinez mûrement votre proposition : peut-elle
me convenir? Mais quelle est donc sur cela la
doctrine de l'Apôtre? « Personne, dit-il, de ceux
» qui combattent dans les rangs de la divine milice
» ne s'embarrasse des choses séculières. » Ah! reti-
rez-vous de grâce; laissez-moi pleurer mes péchés!
Je suis indigne du fardeau que vous voulez m'im-
poser. Suis-je vraiment capable de commander
aux autres, moi qui ne sais parvenir à être utile
ni à moi, ni à personne? Les forces me manquent,
la sainteté me fait défaut. Il m'est impossible de
mener une vie innocente; je ne le sais que trop :
partant c'est avec défiance et inquiétude que je
prendrais en mains le gouvernement d'une communauté ecclésiastique. »

A cette humble apologie, les nobles envoyés ne sont guère embarrassés de répondre : « Nous vous supplions au nom de la charité de nous accompagner et de vous rendre à nos vœux. Avez-vous oublié ce que ce même Paul, dont vous invoquez l'autorité, a déclaré touchant l'obéissance ? « Que tout homme, a-t-il écrit, se soumette » aux puissances supérieures. » Comprenez au reste le caractère de la mission dont nous voudrions vous charger. Il ne s'agit pas pour vous de négliger les exercices de la piété, ni de vous livrer au luxe d'un monde trompeur. Loin de nous une telle pensée. Il s'agit seulement de sortir de cette retraite et de secourir la détresse de vos frères. Un courageux soldat du Christ ne doit pas se cacher au fond du cloître ; mais voler au champ de bataille et engager le combat. Travailler à votre salut, c'est bien ; mais songez aussi au salut de vos frères : vos exhortations et vos exemples peuvent en ramener et soutenir un grand nombre dans la bonne voie. Dieu lui-même vous en fait une obligation : il vous commande de faire luire la lumière de vos bonnes œuvres devant les hommes. Mais pourquoi tant discourir ? Sachez-le, si vous résistez au désir, à l'ordre de notre illustre maître,

le duc Gislebert, vous en rendrez compte au jour
du jugement. Accédez donc à nos prières : c'est la
volonté de Dieu. »

Alors le vieillard vénérable se sent vaincu :
« J'avais résolu, réplique-t-il en pleurant, de vivre
désormais dans une complète solitude et d'effacer
mes fautes par mes larmes. Mais je le vois, force
m'est de renoncer à ce projet. Résister aux désirs
du Ciel, je ne l'ose point, et je ne dois pas
mépriser l'ordre du Duc, mon supérieur, ni
repousser vos prières. Dans la mesure de mes
moyens, j'irai au secours de mes frères et ne
différerai pas de vous suivre. Dieu, dans sa toute
puissance, rendra possible ce que de moi-même
je ne pourrais pas. »

Joyeux du succès inespéré de leur tentative, les
légats mettent aux mains de Gérard le bâton
pastoral, qu'ils avaient apporté avec eux de la part
de Gislebert. Puis ils l'encouragent : « Hâtez-vous,
lui disent-ils; venez défendre contre la dent du
loup des brebis qui réclament un pasteur vigilant
et intrépide. » Et ils l'emmènent enfin, l'arrachant
non sans peine aux moines de Brogne, que son
départ plonge dans un irrémédiable deuil.

La réforme fut couronnée d'un plein succès :

Gérard introduisit dans le monastère de Celle des religieux soumis à la règle de saint Benoît. Lui-même il les guida dans le chemin de la perfection : aux uns il adressait de touchantes exhortations, aux autres, plus faibles, il parlait par ses exemples. On admirait en lui un modèle de régularité, une exactitude scrupuleuse aux exercices du cloître : les religieux se sentaient pleins d'ardeur à marcher sur les traces d'un supérieur, que dirigeait visiblement l'Esprit de Dieu.

L'abbaye de Saint-Ghislain souffrait de spoliations, dont elle avait été victime de la part des princes séculiers : le saint abbé ne négligea pas de la faire rentrer dans ses biens et de lui assurer des ressources suffisantes pour être à l'abri du besoin. Le duc de Lotharingie en particulier lui fit d'importantes restitutions. C'est ainsi que la sollicitude de Gérard prévoyait tout, songeait à tout : sa discrétion admirable en satisfaisant les aspirations de l'âme n'oubliait pas les nécessités du corps.

CHAPITRE VIII

Gérard réforme en Flandre les abbayes
de Saint-Bavon, du Mont-Blandin et de Sithiu

A Gand le monastère de Saint-Bavon, fondé au VIIe siècle par saint Amand, avait été envahi et incendié par les Danois en 851 : ce n'était plus qu'une vaste ruine. Chargés du corps de leur saint protecteur, les religieux s'étaient réfugiés en France, et là, pendant près d'un demi-siècle (895-937), à la mort de leur abbé, ils avaient erré misérablement sans procéder à une nouvelle élection. Admirable et singulier spectacle : cette communauté nomade se perpétuait et se maintenait dans la ferveur malgré de multiples causes de dissolution et de relâchement !

Cependant, sur les conseils de Gérard, le comte

de Flandre Arnould, guéri miraculeusement par le saint réformateur de Celle, avait relevé les bâtiments en ruines. Les religieux furent rappelés : on les vit revenir, pleins de joie, se mettre sous la conduite du vénérable abbé de Brogne et recevoir le prix mérité par leur héroïque constance (937).

Gérard présida lui-même, vers 940, à la translation solennelle des reliques de saint Bavon dans la nouvelle église consacrée à son culte; il s'appliqua ensuite à rétablir parmi ses nouveaux disciples la primitive observance dans toute son intégrité.

Il était manifeste que Dieu bénissait les efforts du réformateur et disposait les événements de manière à faciliter le succès de sa mission. Le comte Arnould, qui lui devait la santé, l'avait pris en amitié et, appréciant ses hautes qualités, lui accordait toute sa confiance, le chargeait de distribuer en son nom des sommes considérables aux pauvres, de réparer les maux que ses empiétements et ceux de ses ancêtres avaient causés à l'institut monastique.

Il y avait au Mont-Blandin, sur le territoire de la même ville de Gand, une abbaye renommée,

la plus riche et la première des maisons religieuses
fondées par saint Amand. Depuis 765, après la
mort du sixième abbé, nommé Célestin, que
Charlemagne avait exilé, les moines avaient abandonné le cloître. Vainement le docte Eghinard
s'était efforcé de réunir la communauté dispersée;
il finit par substituer aux religieux des chanoines
pieux et amis de l'obéissance; mais à l'époque de
saint Gérard le relâchement s'était aussi introduit
au Mont-Blandin, et l'on y menait une vie peu
régulière.

Transmarus, évêque de Noyon, sollicité par
Arnould, à venir lui-même inaugurer la réforme,
se trouva empêché par le service du roi et délégua
son archidiacre Bernacrus. Celui-ci assembla les
clercs du Mont-Blandin : « Nous avons ouï dire,
mes frères, leur dit-il avec douceur, que ce
monastère a été construit par saint Amand et
dédié par lui aux apôtres Pierre et Paul; il y
réunit une nombreuse communauté de moines,
qui depuis vécurent saintement sous la règle de
saint Benoît. L'amour de Dieu nous poussant
à rétablir l'ancien état de choses, nous vous
exhortons charitablement à échanger l'habit ca-
nonial contre le froc monastique et à ne servir

désormais que Dieu seul. » (1) Mais la plupart de
ces ecclésiastiques appartenaient à une noblesse
arrogante : infatués de leur naissance, ils refu-
sèrent de se soumettre. Alors l'archidiacre, munis
des pleins pouvoirs de l'Evêque, et de concert
avec le comte de Flandre plaça les chanoines
désireux d'embrasser la règle bénédictine sous la
direction « du noble et vénérable Gérard ».

Enflammés de colère et de dépit, les mécontents
jurèrent de se venger. Ils se mirent à répandre
contre Gérard les plus affreuses calomnies; mais
personne n'y ajouta foi. Leur haine s'en accrut.
Tandis que le vénérable abbé célèbre le saint
sacrifice, ils envahissent l'église à main armée,
résolus à mettre à mort le serviteur de Dieu.
Gérard sans perdre de sa sérénité, descend de
l'autel et s'avance vers ses agresseurs. Son zèle
et sa charité mettent des paroles éloquentes sur
ses lèvres. Dans un langage d'une sainte indigna-
tion, il leur reproche leur crime, et les menace
des châtiments de Dieu. Comme leur fureur ne

---

(1) *Cfr. annales abbatiæ S⁰ Petri Blandiniensis,* éditées
par Van de Putte. Gand, 1842, p. 87.

fait que s'allumer davantage à ce discours :
« Arrachez-moi la vie, s'écrie-t-il; j'ai toujours
souhaité verser mon sang pour Jésus-Christ.
Grâces lui soient rendues puisqu'il a daigné se
rendre aujourd'hui à mes vœux. » En même
temps, une céleste clarté illumine ses traits; il
paraît dans toute sa personne je ne sais quoi
d'extraordinaire et de divin. Les assassins, trem-
blant de crainte, se jettent à ses pieds et se
prosternent devant lui. Profitant de cette occasion
providentielle, Gérard alors, avec les accents
d'une tendre charité, exhorte ces égarés à revenir
à résipiscence, à vivre désormais selon leur vocation. Le pardon généreux, que le saint leur
accorde, achève de les émouvoir; et la grâce
transformant leur cœur, ils finissent par prendre
la résolution de ne plus s'opposer à ses pieux
desseins.

Plus d'un siècle s'était écoulé depuis la disper-
sion des moines, quand Gérard introduisit sa
réforme à l'abbaye du Mont-Blandin. Dans le
gouvernement de cette communauté fervente
il goûta de grandes consolations : à son exemple
les religieux rivalisèrent d'ardeur pour l'obser-
vation de la règle et la pratique des vertus

monastiques. De toutes parts on venait se placer sous la conduite du saint, dont la renommée publiait au loin les hautes vertus. Ce fut alors, que le comte Arnould songea à enrichir le monastère réformé des reliques transportées jadis, par crainte des Danois, de l'abbaye de Fontenelle à Boulogne-sur-Mer (858). Un religieux du Mont-Blandin nous a laissé le récit des incidents et des diverses péripéties de la translation à Gand des corps de saint Wandrille abbé, de saint Ansbert, et d'autres précieuses reliques; elle eut lieu en grande pompe le troisième jour de septembre 944, sous la présidence de Gérard. C'était lui encore que le comte de Flandre avait chargé d'obtenir de l'Evêque, du clergé et du peuple de Boulogne la cession de leur trésor. La négociation offrit beaucoup de difficultés; mais la fermeté et la prudence de notre saint surent en triompher comme elles le faisaient de tous les obstacles opposés à son action. « Il n'est permis à personne de douter, écrit le moine du Mont-Blandin, que saint Wandrille et ses compagnons n'aient obtenu de Dieu par leurs ferventes prières d'être précédés au monastère de Saint-Pierre par de dignes ministres de Jésus-Christ. N'est-ce pas la coutume des

voyageurs de dépêcher des gens de leur suite pour
s'enquérir d'une hôtellerie, où ils soient honora-
blement traités? Ainsi et à plus forte raison nous
pensons que ces princes de la cour céleste demandèrent à leur tout-puissant monarque de se faire
devancer au Mont-Blandin par le vénérable Gérard
et ses fils. Leur vie exemplaire avait sanctifié
l'abbaye, qui se trouva ainsi digne de recevoir les
reliques à leur arrivée. » (1)

Quoique la réforme de l'abbaye de Sithiu, berceau de la ville actuelle de Saint-Omer, n'ait pas
occasionné à Gérard des craintes pour ses jours,
elle fut pourtant pour lui une source féconde de
soucis.(2)A son arrivée il rencontra peu de religieux
disposés à embrasser la vie claustrale telle qu'il la
leur proposait : le plus grand nombre, indécis sur
le parti à prendre, avaient besoin de conseils et
d'encouragements. Gérard le comprit et réclama
le secours de moines fervents, zélés, qu'il fit venir

---

(1) *Vide Hist. Trans. S^{ti} Wandregesili,* cap. XI, act. SS.
O. S. B. saec. V.

(2) 945. Hoc anno Gerardus abba ordinatus est in monasterio sancti Bertini. 946. Conversio monachorum in Sithiu
monasterio. *(Chron. Blandin).*

d'autres monastères; il les chargea de déterminer par leurs entretiens ces âmes pusillanimes à accomplir généreusement le sacrifice que le Seigneur attendait d'elles. Les religieux obstinés pouvaient être pour leurs frères une cause de ruine, et faire échouer le projet de réforme : on les sépara. Mais Gérard ne les abandonna point : dans l'espoir de les ramener, il leur faisait de fréquentes visites, il employait toutes les industries du zèle pour leur faire agréer son dessein. Assurément sa charité et sa patience, mises à une bien rude épreuve en ces circonstances, allaient jusqu'aux extrêmes limites; mais une fois qu'il avait constaté l'inutilité de ses efforts, quand il ne pouvait vaincre un entêtement aveugle, alors il savait user du pouvoir abbatial et prononcer la sentence d'expulsion : la douceur chez lui n'était pas de la faiblesse.

La gloire de Dieu, c'était là son mobile unique. Aussi longtemps qu'il travailla à son œuvre de restauration, son désintéressement ne se démentit pas : Arnould l'Ancien ne réussit jamais à lui faire accepter pour lui la moindre somme d'argent. Cette rare vertu se manifesta avec éclat dans une circonstance que nous devons rémémorer. Cédant aux instances réitérées du comte de Flandre, Gérard avait consenti à nommer Guy, son propre neveu, à la charge d'abbé du monastère de Saint-Bertin. Mais le nouveau prélat n'ayant pas acquis cette maturité que produit ordinairement l'expérience de la vie, ne répondit guères aux espérances conçues à son endroit. Sa négligence à observer la règle et à remplir les devoirs d'un bon pasteur détermina Gérard à interposer son autorité : Widon fut déposé, comme s'il n'avait été qu'un simple étranger. Son vénérable parent avait l'âme assez fortement trempée pour faire taire les sentiments humains lorsqu'ils mettaient obstacle à l'accomplissement sacré du devoir.

CHAPITRE IX

Dernières années et mort de Gérard

> « Sint lumbi vestri præcincti, et
> lucernæ ardentes in manibus vestris ;
> et vos similes hominibus exspectan-
> tibus dominum suum, quando rever-
> tatur a nuptiis »

Sɪ Gérard, dévoré par le zèle de la discipline religieuse, se consacrait presque tout entier à la réforme des monastères de Flandre, il n'oubliait cependant jamais son abbaye de Brogne. Par ses visites et par ses lettres, il y maintenait sans doute cet excellent esprit, qu'il y avait introduit. C'est sur elle qu'il concentre son affection et sa sollicitude : des riches dons, qu'il tient de la munificence du comte Arnould, il fait trois parts : il en distribue deux aux monastères les plus nécessiteux, mais la troisième il la réserve intégralement à celui de Brogne. Les études aussi ne pouvaient manquer d'être l'objet de ses soins : il établit donc auprès de sa retraite de prédilection, comme il dut le faire dans toutes les maisons qu'il réforma, une école monastique qui jettera bientôt de l'éclat sous le gouvernement du savant Heribert (1).

Quand surgit la guerre entre le duc de France, Hugues, et le roi d'Outre-Mer, une des mesures que le prudent abbé s'empressa de prendre, fut de garantir son monastère contre tout danger de spoliation : dans ce but il le racheta, grâce à la générosité inépuisable d'Arnould, à l'abbaye de Saint-Denis, pour le placer avec son territoire sous la protection de l'église de Liège et lui en céder la propriété. C'est en reconnaissance de ce don, que l'évêque Farabert voulut accorder à l'abbaye de Saint-Gérard vingt manses de terre arable en parfait état de culture.

____

(1) Premier successeur de Gérard, mort le 8 avril 988. *Voy. obituaire de l'abbaye de Brogne,* publié et annoté par le regretté chanoine Barbier. *Analectes* de Louvain, 3ᵉ et 4ᵉ liv., 1882.

Mais, aux yeux du saint abbé, les biens temporels étaient peu de chose en comparaison des reliques : dans sa foi chrétienne il pensait que leur possession serait pour son monastère un gage plus assuré de prospérité durable. Aussi ne laisse-t-il échapper aucune occasion de l'enrichir d'un nouveau trésor : partout où il rencontre quelque corps saint, il sollicite et obtient pour son église qu'on lui en donne au moins une parcelle (1). Cette préoccupation de Gérard nous explique le grand nombre des reliques vénérées autrefois à Brogne.

Cependant, toujours attentif à garder religieusement la règle, le fidèle disciple de saint Benoît cherchait par-dessus tout à réaliser dans sa personne le type de l'abbé tel que l'a décrit l'illustre législateur des moines d'Occident. Devant l'esprit il avait sans cesse la pensée du jugement de Dieu : il songeait au compte qu'il lui faudrait rendre de sa doctrine et de son gouvernement, et plus il

____

(1) Voyez, dans l'opuscule du prieur Souris, le « cathalogue de fainctes reliques, defquelles le monaftère de faint Pierre à Broigne eft enrichy par la diligence et piété de faint Gérard fon fondateur. »

avançait en âge, plus il craignait la divine justice, qui punit dans le pasteur négligent ou faible les égarements du troupeau.

Pressentant donc sa fin prochaine, notre saint se démit de la dignité abbatiale, de cette sorte de généralat qui le plaçait à la tête des maisons qu'il avait fait refleurir; mais avant que de mourir il voulut une dernière fois visiter ses disciples. Ce voyage d'adieu fut signalé par un incident plein de religieuse poésie, comme on en rencontre dans la vie des Pères de la solitude. Gérard était arrivé sur les bords de la Sambre, à l'endroit où aujourd'hui s'étend le village de Marchiennes. Ses compagnons, fatigués de la route, demandèrent à se reposer et à prendre quelque nourriture. Avec la permission de leur bienheureux père, ils s'asseient sur l'herbe et commencent leur frugal repas. Le saint vieillard, sachant que l'heure où il avait coutume de rompre le jeûne n'était pas venue, refusait de manger quand, de l'arbre au pied duquel il était assis, un épervier laissa tomber un poisson assez gros. C'était précisément de cet aliment que Gérard se nourrissait. Le Ciel en sa faveur venait de renouveler le prodige accompli autrefois pour les Antoine et les Paul. Après s'être fortifié de cette nourriture miraculeuse, Gérard rendit grâces à Dieu de la tendresse qu'il témoigne aux moindres de ses enfants; ensuite pour imiter l'aimable conduite de la Providence, qui nourrit les oiseaux du ciel, il ordonna de porter ce qui restait du poisson aux petits de l'épervier. Touchant exemple de la bienfaisante charité qui enflamme et liquéfie le cœur des saints : elle leur fait embrasser dans un même amour Dieu et les œuvres marquées du sceau de sa puissance et de sa sagesse.

Partout où le saint réformateur se rendit, il exhorta vivement les moines à entretenir dans leurs âmes la ferveur des premiers jours, à méditer et à observer avec un religieux respect cette admirable règle bénédictine, dont il a été dit : « C'est un précis du Christianisme, un docte et mystérieux abrégé de l'Evangile, de toutes les institutions des saints Pères, de tous les conseils de perfection. Là paraissent avec éminence la prudence et la simplicité, l'humilité et le courage, la sévérité et la douceur, la liberté et la dépendance (1). »

------

(1) Bossuet. *Panég. de S. Benoît.* 3me point.

Puis Gérard, qui connaissait l'heureuse influence de l'union, qui savait combien il est
difficile de s'entendre toujours et par l'intelligence
et par le cœur, recommandait à ses fils spirituels
la concorde, la paix, la possession d'eux-mêmes
dans la patience.

« Souvenez-vous, leur devait-il dire, que de
toutes les vertus d'un religieux, comme d'un vrai
chrétien, la première, la plus indispensable c'est
la charité, ce don divin, sans lequel nous ne
sommes, au témoignage de l'Apôtre, qu'un métal
rendant un vain son, une cymbale retentissante,
et bien moins encore, car sans la charité nous ne
sommes rien. Trop souvent les œuvres les plus
généreuses, entreprises de commun accord par des
gens de bien, s'écroulent sous l'action néfaste de
ce dissolvant qu'on nomme l'esprit de discorde.
Défiez-vous de l'égoïsme : il s'infiltre dans nos
sentiments les plus nobles, les plus désintéressés
pour en ternir l'éclat; aimez-vous les uns les autres
comme le Christ lui-même vous a aimés; honorez
tous les hommes, et ne faites pas à autrui ce que
vous ne voudriez pas qu'on vous fît; fuyez la colère,
l'orgueil, la jalousie. Que si vous avez offensé
quelqu'un de vos frères, en quoi que ce soit,

rentrez en paix avec lui avant que le soleil ne se couche. Evitez la contention qui divise et la raillerie qui aigrit. Préférez être injustement traités que de commettre la moindre injustice (1). »

Telles étaient les recommandations, que le bienheureux Gérard adressait à ses disciples en leur disant adieu. Tristes et versant des larmes de regret, comme les Apôtres quand Jésus leur annonçait l'approche de la séparation, ils voulaient le retenir, entendre encore de sa bouche un conseil, une parole d'édification et d'encouragement. Mais lui, leur montrait le Ciel, où l'on se revoit pour ne se quitter jamais plus, et s'arrachant à leurs étreintes, reprenait pensif le chemin de sa solitude.

C'était à Brogne, qu'il devait achever son pélérinage terrestre. Il le sentait; et du reste, le plus ardent de ses vœux c'était de mourir là où Dieu l'avait appelé à son service, dans ce monastère qu'il avait fondé et qu'il aimait. Le devoir et l'obéissance seuls avaient pu l'en tirer. Certes ce n'avait pas été sans souffrir, qu'il avait abandonné

---

(1) *Règle de S. Benoît,* chap. IV.

cette cellule où il avait vécu dans une si heureuse quiétude. Maintenant son œuvre consommée, il y rentrait l'âme joyeuse pour se préparer au redoutable passage du temps à l'éternité.

Ses prévisions ne le trompaient pas. Peu après son retour, Gérard tomba malade. Le mal fit de rapides progrès, et bientôt le saint comprit que le moment décisif était arrivé. Etendu sur sa pauvre couche, il appela autour de lui ses religieux éplorés, et, comme autrefois Jacob mourant à ses fils, il voulut leur donner une dernière bénédiction. Puis, avec les sentiments de la piété la plus tendre, il reçut les sacrements que l'Eglise administre aux moribonds.

Le vénérable vieillard avait passé toute sa vie dans la pratique de toutes les vertus; et pourtant il disait avec le grand apôtre : « La conscience ne me fait aucun reproche; mais je ne suis pas pour cela justifié. »

Aussi, pour sortir victorieux du dernier combat qu'il lui restait à livrer en ce monde et se rendre propice le souverain Juge, Gérard ordonna de solliciter les prières des fidèles en faisant sonner la cloche qu'il avait donnée au monastère et que l'Evêque avait bénite. Dès qu'elle fut mise en branle, le saint expira. C'était un lundi, le troisième jour d'octobre de l'année 959.

CHAPITRE X

Culte de saint Gérard

> « Qui pius, prudens, humilis, pudicus
> Sobriam duxit sine labe vitam,
> Donec humanos animavit auræ
>   Spiritus artus.
> Cujus ob præstans meritum, frequenter
> Ægra quæ passim jacuere membra,
> Viribus morbi domitis, saluti
>   Restituuntur. »

L'Eglise, qui, en élevant les saints aux honneurs du culte public, rend un légitime hommage aux vertus pratiquées par ces héros du Christianisme et nous invite à célébrer en eux les chefs-d'œuvre de la divine grâce, demande de notre part autre chose qu'une stérile admiration : elle nous montre en eux des modèles, dont il nous faut retracer les traits dans notre vie journalière. Ce sont en effet des exemplaires vivants de cette Infinie

Perfection, que nous sommes appelés à contempler, pourvu que nous soyons fidèles à l'imiter dans la mesure de nos forces.

Quand le pilote navigue la nuit par un temps brumeux, il aperçoit parfois dans de rares éclaircies le disque lunaire, et cette douce clarté se réflétant tout à coup sur la ténébreuse surface des flots met en son cœur l'espoir d'aborder heureusement au port. Ainsi Dieu, en glorifiant dès ce monde quelques-uns de ses serviteurs, a voulu que les hommes au milieu des soucis et des combats terrestres se souvinssent de la couronne promise à la bonne volonté en redisant avec Augustin : « Ce que d'autres ont pu faire, pourquoi moi aussi ne le ferais-je point? »

Cette féconde et confiante pensée, qui inspira tant de généreux sacrifices, nous voudrions la rappeler en nous arrêtant à ébaucher la sainte figure de Gérard.

Les éminentes vertus dont il ne cessa de donner l'exemple, les miracles, qui s'opérèrent par son intercession lui conquirent dans la dévotion populaire un rang privilégié. Selon la judicieuse remarque d'un de nos meilleurs écrivains : « Comme toute famille a ses aïeux, et toute cité ses grands citoyens dont elle se fait gloire, de même chaque nation chrétienne a ses saints et ses patrons dans le ciel, toujours présents à la mémoire du peuple, qui ne s'inquiète guère de tant de rois et de conquérants, jadis fameux pour avoir gouverné ou dévasté la terre. »

Sucée avec le lait maternel, éprouvée à la cour, la piété tendre et éclairée de Gérard brilla de tout son éclat, lorsque l'onction sacerdotale eut augmenté son crédit auprès de Dieu, en l'associant à la mission du Christ, médiateur et avocat des hommes : c'était surtout à l'autel, où chaque jour il célébrait avec ferveur les saints mystères, que ses sentiments pieux, débordant de son âme, se manifestaient à l'édification de l'assistance. « La piété, a dit l'Apôtre, est utile à tout : elle renferme les promesses de la vie présente et de la vie future. » Gérard le savait, et voilà pourquoi dans sa réclusion au monastère de Brogne, il faisait ses délices de la prière, de la méditation des mystères divins, cherchant à connaître et à estimer Dieu, pour apprendre à se connaître et à s'estimer lui-même.

L'humilité, cette science pratique de notre néant et de notre faiblesse, est un nouveau caractère de

la sainteté du vénérable Gérard : cette fondamen-
tale vertu, il la pratiquait dans une perfection peu
commune, fidèle, en ce point encore, à la règle
bénédictine, qui décrit longuement les degrés de
l'humilité monastique (ch. XII). Avec le Psalmiste
il s'abîmait dans la conviction, que « toute sa
substance n'était rien devant la face du Seigneur »;
il se regardait comme un instrument inutile aux
mains de la Providence. Aussi se dérobait-il aux
louanges que lui méritaient sa grande vertu et ses
miracles. « Cessez, disait-il, de me donner des
témoignages de vénération : car je ne suis qu'un
misérable pécheur. N'attribuez pas imprudemment
à mon insuffisance et à ma petitesse le don de
Dieu. C'est à votre foi et à votre confiance, et
non à mes mérites, qu'après Dieu, vous devez
votre guérison. » Mais, vertu féconde, l'humilité
enfante toujours dans l'âme qui la cultive, la
patience et la douceur. Gérard accueillait tout
le monde avec bonté, avec cette bienveillance et
cette sage condescendance, qui triomphent des
cœurs les moins bien disposés. C'était par l'amour
bien plus que par la crainte qu'il gouvernait les
communautés confiées à sa sollicitude. Dans les
difficultés et les souffrances, sa paix se maintenait

inaltérable, parce qu'il savait bénir la main qui
l'éprouvait. Ajoutez à cela son amour de la sainte
continence, son esprit de pauvreté et d'abnégation,
son zèle et sa vigilance dans l'accomplissement
de sa charge pastorale, sa munificence envers les
pauvres, sa sagesse consommée dans le maniement
des affaires. Bref, en toutes choses, nous dit son
biographe, il atteignait la perfection, gardant le
juste milieu si malaisé à tenir.

Mais si le peuple vénérait en Gérard le type
achevé de la sainteté évangélique, il n'admirait
pas moins en lui le thaumaturge. Durant le voyage
du saint à Rome, à la descente des Alpes, un de
ses compagnons, qui était chargé de porphyre (1),
glissant sur le chemin fort étroit, roula au fond
d'un précipice. On s'attendait à ce que son corps
fût retrouvé meurtri, méconnaissable, par l'habi-
tant de la montagne, que la promesse d'une
récompense détermina à grand peine à descendre
dans l'abîme pour y reprendre le précieux fardeau.
Mais Gérard avait levé le regard vers le Ciel; et

------

(1) Ce porphyre était destiné à l'ornementation du maître
autel de l'église de Brogne.

Dieu, exauçant sa prière, avait préservé le malheureux dans sa chute : sain et sauf, il revint occuper sa place parmi ses compagnons émerveillés et louant Dieu du prodige. C'est là le premier fait miraculeux que l'histoire attribue à notre saint (1); le second signala son séjour au monastère de Celle. Comme il célébrait la messe, une femme aveugle entra dans l'église abbatiale : elle venait du village voisin, appelé Boussu, réclamer l'intercession du vénérable abbé Elle demande en grâce qu'on lui donne seulement un peu de l'eau avec laquelle le prêtre se purifierait les doigts après la communion. Quand on lui en eut apporté, elle implore avec larmes la bonté miséricordieuse de Dieu; puis elle se met à boire de cette eau, elle s'en lave le visage, elle humecte ses yeux éteints : la vue lui est rendue aussitôt.

Le bruit de cette guérison parvint jusqu'aux oreilles du comte de Flandre Arnould, qui souffrait

____

(1) Il va sans dire que, pour tous les miracles mentionnés dans notre travail, nous nous conformons aux décrets d'Urbain VIII.

cruellement de la gravelle. En vain les médecins les plus habiles lui avaient donné leurs soins. Toutes les ressources de leur art épuisées, ils représentèrent l'opération comme l'unique moyen de salut. Sous les yeux du comte, ils opèrent dix-huit personnes; mais sur ce nombre une étant venue à mourir, c'en fut assez pour qu'Arnould refusât de se soumettre à une pareille extrémité. Inspiré de Dieu, qui voulait ménager à Gérard l'occasion d'étendre sa réforme aux monastères de Flandre, le comte fit appeler le saint abbé de Celle, dans le dessein de recourir à son merveilleux pouvoir. Dès que son approche lui fut annoncée, il alla lui-même, malgré ses souffrances, au-devant du serviteur de Dieu, et l'accueillit avec les marques d'une vénération profonde. Sur l'ordre de Gérard, il distribua d'abondantes aumônes aux pauvres, et jeûna pendant trois jours; le quatrième, notre saint offrit le sacrifice de la messe à l'intention de l'auguste malade et lui donna la communion. O prodige! quelques instants après avoir reçu la sainte hostie le comte se sent subitement guéri.

Le Seigneur sans doute daigna opérer bien

d'autres miracles par l'entremise de Gérard; mais ces deux ou trois faits justifient déjà l'empressement de la foule qui se portait sur son passage et dans les localités où il séjournait.

Après sa mort, la confiance populaire augmenta encore : on accourut à son tombeau, et les prodiges s'y multiplièrent. C'est ce qui détermina le Souverain Pontife Innocent II, à accorder à l'Evêque de Liège, Alexandre, la permission d'exhumer le saint corps pour l'exposer à la vénération publique. L'élévation de Gérard eut lieu un siècle et demi environ après sa « naissance au ciel », en 1131, en présence de Godefoid, comte de Namur, de l'élite de la noblesse et d'une multitude immense accourue de toutes parts pour assister à la cérémonie.

Depuis ce moment, le sépulcre du vénérable abbé devint surtout le but d'un pèlerinage très fréquenté : continuellement affluait à Brogne une foule de personnes, qui venaient y implorer la guérison de toute espèce de maladies, mais plus spécialement de la fièvre et de la jaunisse : leur confiance dans le crédit de saint Gérard était souvent récompensée. Nous en trouvons la preuve dans un opuscule édité au XVIIᵉ siècle par un prieur de Brogne, le moine Souris (1); nous résumons d'après lui trois des miracles qui furent juridiquement constatés.

Simon Anseau, pharmacien à Thuin et âgé de 32 ans, souffrait depuis trois mois de la fièvre et de la jaunisse. Tous les remèdes avaient été impuissants à le guérir; abandonné des médecins, il émit le vœu de faire le pèlerinage de Brogne. Aussitôt il recouvra la santé. Ce miracle eut lieu le 26 août 1602 : trois jours après Simon accomplissait sa promesse et se rendait à Saint-Gérard sans le secours de personne.

Au mois de février de cette même année, Noël Mathieu, âgé de 20 ans, suivait à Mons le cours des humanités. Atteint tout à coup d'une jaunisse par tout le corps, il endura pendant deux mois de si vives douleurs sans pouvoir trouver de soulagement, qu'on finit par le renvoyer à Mettet chez ses parents. Ceux-ci désespérant du côté des hommes, conduisirent le jeune malade à Brogne : il y communia et supplia saint Gérard de lui

---

(1) *La vie du glorieux saint Gérard,* abbé de Broigne. Namur, 1618. In-16 de 32 pp.

rendre la santé. Chose remarquable, à partir de ce moment une amélioration sensible se fit sentir dans son état, et sa guérison arriva un ou deux jours après.

Gérard récompensa aussi la confiance de pieux époux de Rebecq. Leur fils Jean, âgé de 8 ans, vers la mi-juin 1610, était à la mort : une longue et grave maladie avait affaibli le malheureux enfant, et malgré les soins qu'on lui prodiguait, réduit à toute extrémité : pendant une semaine il demeura même sans connaissance, et privé de l'usage de la parole. A chaque instant, on s'attendait à le voir expirer. Tout à coup, ses parents éplorés ont une même inspiration : recourir à la puissance de saint Gérard! Ils promettent d'aller en pèlerinage à son tombeau. Aussitôt l'enfant, comme s'il sortait d'un profond sommeil, demande à boire et à manger : il était sauvé.

A la suite de ces miracles établis sur des témoignages authentiques et d'irrécusables documents, une confrérie fut érigée le 11 septembre 1617, dans l'église de Brogne, en l'honneur du bienheureux abbé Gérard; et le pape Paul V voulut l'enrichir de nombreuses indulgences. Chaque année on célébrait le troisième jour d'octobre,

avec grande pompe, au milieu d'une affluence
considérable de monde, la fête du saint, sous le
rit double de première classe avec octave.

Vint la tourmente révolutionnaire de la fin du
siècle dernier. Nos vandales modernes renouve-
lèrent les scènes de dévastation, dont nos pays
avaient été témoins aux IXe et Xe siècles; de nouveau
les monastères furent envahis et pillés; ceux qui ne
furent pas rasés, on les vendit à l'encan pour des
sommes dérisoires; beaucoup d'églises abbatiales
tombèrent sous la pioche des démolisseurs, et les
moines, traqués comme des bêtes fauves, n'échappèrent que par la fuite à la prison ou à la mort.
Telle fut la destinée de l'abbaye et des religieux
de Saint-Gérard. L'antique église n'existe plus,
des cloîtres il ne reste à peu près que des ruines,
une route passe aujourd'hui sur leur emplacement!

Elle a disparu elle-même, brisée par un marteau
impie, usée peut-être sous les pas des indifférents
qui gravirent les degrés formés de ses débris, cette
dalle où une pieuse main avait cru buriner pour
toujours les titres de Gérard à l'admiration et au
respect des hommes. Aujourd'hui encore on lit
à Brogne sur des pierres tombales à l'inscription
à moitié effacée, le nom de maints prieurs du

monastère; mais c'est inutilement que le pèlerin cherche l'épitaphe qui jadis ornait, dans la crypte de l'église abbatiale, la sépulture de l'illustre fondateur (1). Sanglante ironie du sort, ou plutôt, dessein admirable de la divine sagesse, voulant une fois de plus nous convaincre de la faiblesse de nos efforts pour perpétuer un glorieux souvenir!

Avec le monastère qu'il avait fondé, le culte du bienheureux sembla disparaître. L'oubli descendit sur sa tombe autrefois si fréquentée; ses reliques furent détruites, dispersées ou enfouies dans des cachettes jusqu'ici ignorées. Il ne reste plus au village de Brogne que la mâchoire inférieure du saint, renfermée dans un beau reliquaire d'argent du XVIIᵉ siècle.

De temps à autre, les fils de Saint Benoît qu'abritent les cloîtres gothiques de l'abbaye de Maredsous, viennent au presbytère vénérer la relique de leur bienheureux père Gérard. Puissent-ils, s'inspirant de ses vertus, devenir comme lui,

---

(1) Clarus ab Austrasiâ generosâ stirpe Gerardus
Sanctus in hoc humili condidit ossa loco.
Gaudeat omnis plebs tali defensa patrono,
Atque suo plaudat Bronia terra duci.

les promoteurs d'une féconde restauration monastique! Puisse l'arbre bénédictin, dépouillé et languissant, croître et refleurir!

Parfois encore, quelque pèlerin se rend au puits miraculeux, creusé sous la chapelle de saint Pierre, le long de la grand route : il s'agenouille pieusement, réclame l'intercession du saint abbé, puis emporte avec confiance un peu de cette eau salutaire aux malades torturés de la fièvre.

Mais en présence de l'oubli et du silence, où la génération présente ensevelit un homme du mérite de Gérard, l'âme chrétienne ne se peut défendre d'un sentiment de mélancolie. Vanité donc d'attendre du monde la gloire même religieuse! Elle s'évanouit en fumée, après avoir duré la moitié d'un temps!

Les bienfaits s'effacent vite de la mémoire ingrate des hommes. C'est à peine, ô Gérard, si dans les lieux, où vous avez vécu, que vous avez embaumés du parfum de vos vertus, que votre gloire a illustrés durant des siècles, une bouche humaine prononce encore votre nom!

Heureusement ce n'était pas là ce que convoitaient les saints et celui, en particulier, dont nous venons de raconter la vie. Dieu, Dieu seul, telle était leur préoccupation. « Ce n'est pas à nous, Seigneur, disaient-ils, ce n'est pas à nous que doit revenir la gloire, mais à votre saint nom. » Maintenant dans la possession de ce qui fut sur cette terre leur unique espérance, ils jouissent d'une gloire, que l'indifférence ou le mépris des hommes est incapable de ternir.

Par un contraste frappant, certains à notre époque s'ingénient à témoigner une reconnaissante admiration à des illustrations de second et de troisième ordre, à de prétendus grands hommes dont tout le mérite, peut-être, consiste dans une parole emphatique et souvent menteuse ou vide de sens. On leur élève des statues sur nos places publiques, et l'enfant apprend leur flatteuse biographie sur les bancs de l'école. Quant à ces grandes âmes, qui nous ont enfantés en même temps à la foi et à la civilisation; qui nous ont légué, avec une mémoire bénie, d'admirables exemples; qui continuent là-haut à protéger la postérité oublieuse de ce peuple évangélisé par eux au prix d'héroïques efforts, combien songent à elles? Combien savent ce qu'elles furent et ce qu'elles firent?

Sous ce rapport les chrétiens de ce temps ont un grave devoir à remplir, une dette de gratitude à payer. Reprenons les pieuses traditions du passé. Secouons cette glaciale indifférence qui engourdit nos cœurs, et, comme nos aïeux, honorons dans les saints, dans ceux-là surtout qu'un même sol vit naître et s'illustrer, les amis les plus sûrs, et les plus puissants protecteurs.

Que là, par-dessus tout, où une piété séculaire amenait jadis en foule les pèlerins au tombeau d'un glorieux thaumaturge, la ferveur assoupie, se réveillant enfin, console et dédommage le saint d'un ingrat et trop long oubli.

APPENDICE

I

Séquence de la Messe de saint Gérard

D'UNE voix mélodieuse célébrons les louanges du Seigneur et en Lui réjouissons-nous toujours.

Certainement Il nous accordera ce que nous espérons, si nous persistons à frapper à la porte et à prier avec persévérance.

Qu'elle croisse la gloire du Créateur; et que son illustre confesseur Gérard voie sa mémoire grandir!

Car sa vertu éprouvée et son âme ferme dans la foi ont rendu gloire à Dieu.

Méprisant la noblesse de son origine, foulant aux pieds les vains honneurs du monde, il choisit

par fidélité à l'appel divin la règle de la voie
étroite, que sait pourtant élargir la force de
l'amour.

Déjà parvenu à la maturité de l'âge, Gérard
s'exerce comme un enfant à l'étude des lettres.

Il s'y instruit dans la perfection, grâce à la riche
intelligence que Dieu lui a départie.

Doué de grands talents, il s'élève jusqu'au
sommet où repose la suprême sagesse.

Bientôt il devient à la fois le ministre et le
convive du céleste banquet : prêtre, la ferveur et
la sainteté de sa vie en font une hostie vivante.

Préposé comme guide au troupeau du Christ,
il commence pas se donner lui-même comme un
modèle de sainte continence.

Ce fut d'abord par ses exemples, puis par sa
doctrine, comme le recommande d'ailleurs la loi
évangélique, qu'il forma ses disciples.

Son admirable vigilance fit de lui le père d'une
multitude de religieux et de monastères.

Il rendit la vue aux aveugles, la santé aux
malades : les guérisons coulaient en foule de la
source du paradis.

Enfin après bien des labeurs et des souffrances,
il termina sa vie par une sainte mort.

Une guirlande glorieuse orne maintenant son âme dans l'assemblée des bienheureux.

O Gérard, bon pasteur, guidez-nous vers les joies véritables, que fait goûter la couronne de l'heureuse immortalité, dans le ciel où nous jouirons du fruit de notre espérance en contemplant la face de Dieu. Amen. Alleluia!

Oraisons (1)

O Gérard, père très saint, fidèle et juste serviteur du Dieu très haut; vous qui soulagez les malheureux consumés par la fièvre, et guérissez toute sorte de maux : je vous en prie au nom de votre habituelle bonté, ayez pitié de moi : une longue et pénible fièvre me fait cruellement souffrir; par vos saintes prières, rendez-moi la santé; et faites que sain d'âme et de corps je puisse rendre de dignes actions de grâces au Dieu tout-puissant et le servir sans retour.

℣. Priez pour nous, Bienheureux Père Gérard.

℟. Afin que purifiés de la souillure de nos

---

(1) Extraites de l'opuscule du prieur Souris.

crimes nous jouissions après notre mort de la
véritable vie dans la béatitude.

PRIONS

O Dieu, tout-puissant et éternel, qui par les
mérites de saint Gérard, votre confesseur, au
moyen de cette eau qui lui fut promise, avez
voulu que les corps affaiblis des fidèles récupé-
rassent leur première vigueur, accordez-nous,
nous vous en supplions, la grâce de nous purifier
à la source de votre miséricorde, de mépriser les
séductions de ce monde, et de mériter par la
pureté de notre âme et de notre corps de recevoir
enfin la céleste récompense. Daignez nous exaucer
au nom de Jésus-Christ Notre Seigneur.

II

Les reliques de saint Eugène

Saint Eugène, d'après une antique tradition, accompagna saint Denis l'aréopagite dans les Gaules, et partagea quelque temps ses travaux apostoliques. Envoyé en Espagne, il évangélisa le peuple de Tolède. Cependant, un violent désir de revoir saint Denis le fit revenir en France, où il ne tarda pas à apprendre la glorieuse mort de son maître. Rien ne le rattachant plus désormais à la terre, Eugène vit dans le martyre une délivrance, et l'appela de tous ses vœux. Bientôt après il tomba aux mains des payens qui le décapitèrent et jetèrent son corps dans l'étang de Marchais (15 novembre 95). Le VIIe siècle touchait à sa fin, lorsque Dieu ordonna en songe à un

pieux chrétien des environs, nommé Ercold, de
repêcher le corps du martyr. Ercold le retrouva
intact, et le fit déposer dans une chapelle cons-
truite sur des terres lui appartenant. Les pèlerins
vinrent en foule au nouveau sanctuaire implorer
l'intercession d'Eugène; de nombreux miracles
rendirent populaire la dévotion au saint gué-
risseur. Mais un fléau étant venu désoler le village
de Deuil, les habitants, suivant une pieuse coutume du temps, se rendirent avec les reliques en
pèlerinage au monastère de Saint-Denis. « Arrivés
dans l'église, ils y déposèrent la châsse, pour
chanter les prières et les hymnes accoutumées;
mais lorsqu'à leur départ ils voulurent reprendre
leur précieux fardeau, la châsse était comme rivée
à la pierre, et aucun effort humain ne fut capable
de la soulever. Ils comprirent par là que la volonté
de Dieu était que le corps de saint Eugène demeurât
à Saint-Denis, et ils s'en retournèrent en pleurant
et en se frappant la poitrine, se reconnaissant
indignes de conserver ce grand trésor. Mais la
suite prouva que le dessein de Dieu, en privant
pour un temps les habitants de Deuil de leur père,
était principalement de le soustraire aux profanations des Normands qui, peu d'années après,

envahirent cette partie de la France. Toutes les
églises furent alors livrées au pillage, à l'exception
de cinq qui purent se racheter à prix d'argent;
l'abbaye de Saint-Denis fut de ce nombre, et les
moines eurent la liberté de se retirer à Reims avec
les reliques de leurs saints, jusqu'à l'époque où la
paix étant survenue, ils reprirent possession de
leur monastère (1) ».

Au xe siècle plusieurs prodiges signalèrent la
translation des reliques de saint Eugène au pays
de Lomme. A Rouillon, une femme accourue sur
le passage du cortège fait au saint l'offrande de
deux cierges, qui s'allument d'eux-mêmes; un
loup, qui avait emporté dans la forêt voisine
un agneau, que voulait offrir une femme d'Er-
meton, vient le lui rendre à l'invocation du nom
d'Eugène (2).

Mais de même qu'en France, le glorieux martyr
prouva sa bienfaisance en multipliant les guérisons; ainsi, dit le biographe anonyme de Saint-
Gérard (cap. XIX), il manifesta en Lotharingie

---

(1) *Notice sur la vie de saint Eugène.* Versailles, 1869.
(2) Analecta Boll. t. III. *Translatio S^{ti} Eugenii.*

par de fréquents miracles la puissance de son crédit.

On accourut à Brogne comme on était accouru à l'oratoire de Deuil : on y offrit des dons et des prières, et les malades s'en retournaient guéris. Dans l'entretemps les clercs du monastère de Saint-Feuillen à Fosses, dans un sentiment de basse jalousie envers les religieux de Brogne, profitèrent d'une visite de l'Evêque de Liège, pour lui inspirer des doutes sur la légitimité des honneurs rendus à un martyr, dont on ignorait, disaient-ils, et l'origine, et la vie, et les circonstances de la mort. Le prélat se laissa circonvenir; et partit dans le dessein de retirer l'autorisation d'exposer à la vénération du peuple la sainte relique. Mais à peine fut-il arrivé à la villa de Malonne, qu'il se sentit frappé d'un mal subit. En vain les gens de sa suite lui prodiguent les soins les plus empressés : dans leur impuissance ils mêlent leurs larmes à leurs lamentations. Cependant d'intolérables douleurs font croire à Richaire, que son dernier moment est venu : dans sa détresse il se souvient de saint Eugène. Pris de remords, il attribue son mal à une secrète vengeance du Ciel, qui veut punir son manque de foi dans le pouvoir et la sainteté du martyr. Aussitôt il donne l'ordre à son chapelain de se rendre, sans perdre de temps, à la basilique de Brogne et d'y offrir en son nom à saint Eugène deux cierges ayant les mêmes proportions que son corps. Cette prescription fut fidèlement accomplie, et quand les cierges s'éteignirent, le pontife, miraculeusement soulagé, reprenait joyeux le chemin de Liège, sa ville épiscopale, remerciant Dieu et son fidèle serviteur.

Peu après son retour, Richaire assembla son synode, auquel il fit part de sa merveilleuse guérison; et, pour réparer ses torts, il manda Anselme, gardien de la trésorerie du monastère de Brogne, lui enjoignant d'apporter avec lui la relation du martyre d'Eugène. Le moine vint et donna en pleine assemblée synodale lecture de la passion du compagnon de saint Denis (1). Puis l'Evêque porta un décret solennel, qui ordonna de lire

---

(1) C'est probablement une copie de ce document, qui se trouve insérée dans un manuscrit du XIIIe siècle, provenant de l'abbaye de Saint-Hubert et conservé à la bibliothèque de la ville de Namur.

désormais pendant l'office les actes du saint confesseur; et de célébrer sa fête à l'instar d'un dimanche sur tout le territoire de la décanie de Brogne.

Au xiiᵉ siècle, Alphonse VII, roi de Castille, voulut enrichir l'église de Tolède du corps de saint Eugène, mais l'abbé de Saint-Denis refusa de le céder; malgré les instances du roi de France, Louis le Jeune, il consentit seulement à accorder une portion des reliques convoitées. Philippe II revint à la charge : plus heureux que son prédécesseur, il obtint, par l'entremise du roi Charles IX, ce qui restait à Saint-Denis des ossements du saint Apôtre, à l'exception toutefois d'un bras, que les moines conservèrent (1565). Cette dernière et insigne relique fut rendue à l'église de Deuil en 1761, et renfermée dans une châsse qu'on suspendit à la voûte du chœur. Durant la Révolution française, elle fut heureusement soustraite aux profanations sacrilèges, et aujourd'hui encore on la vénère au maître-autel de l'église paroissiale.

Quant à l'os du bras de saint Eugène rapporté de France, en 918, par le moine Gérard, il se conserve dans l'église de Saint-Gérard, contenu dans un reliquaire de bois argenté représentant l'avant-bras avec la main, et renfermé lui-même dans une sorte de niche vitrée, sous la statue de saint Pierre, à l'autel de la nef latérale de droite.

Table des matières

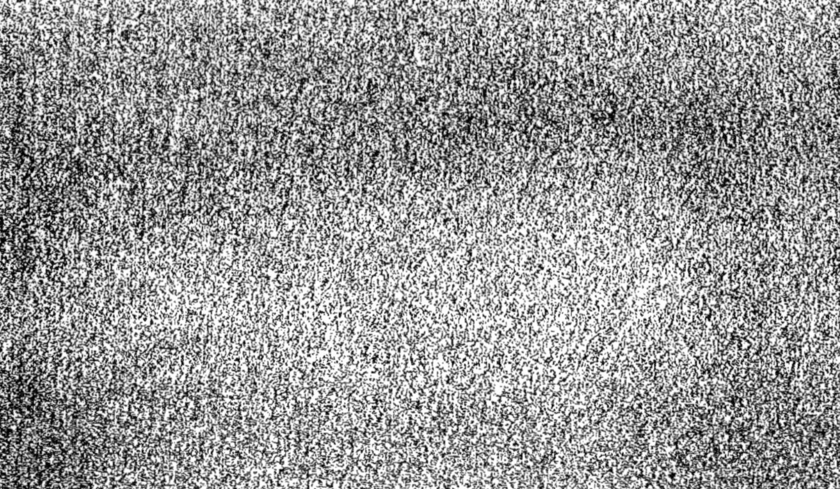

www.ingramcontent.com/pod-product-compliance
Ingram Content Group UK Ltd.
Pitfield, Milton Keynes, MK11 3LW, UK
UKHW021730090726
13657UKWH00002B/628